LE ROULÉ
PARFAIT

Edward Craig

LE ROULÉ PARFAIT

AMÉLIOREZ VOTRE JEU SUR LES VERTS

LES ÉDITIONS DE L'HOMME

Traduction : Martine Rey
Infographie : Chantal Landry

**Catalogage avant publication de
Bibliothèque et Archives Canada**

Craig, Edward
    Le roulé parfait
    Traduction de : Putt Perfect

1. Coup roulé (Golf).   I. Titre.

GV979.P8C7214 2006   796.352'35   C2006-941719-9

Pour en savoir davantage sur nos publications,
visitez notre site : **www.edhomme.com**
Autres sites à visiter : www.edjour.com
www.edtypo.com • www.edvlb.com
www.edhexagone.com • www.edutilis.com

10-06

L'ouvrage original a été publié par Hamlyn,
succursale de Octopus Publishing Group Ltd,
sous le titre Putt Perfect

Dépôt légal : 2006
Bibliothèque et Archives nationales du Québec

ISBN 10 : 2-7619-2346-4
ISBN 13 : 978-2-7619-2346-0

DISTRIBUTEURS EXCLUSIFS :

• Pour le Canada et les États-Unis :
    MESSAGERIES ADP*
    955, rue Amherst
    Montréal, Québec H2L 3K4
    Tél. : (450) 640-1237
    Télécopieur : (450) 674-6237
    * une division du Groupe Sogides inc.,
        filiale du Groupe Livre Quebecor Média inc.

Gouvernement du Québec – Programme de crédit d'impôt
pour l'édition de livres – Gestion SODEC –
www.sodec.gouv.qc.ca

L'Éditeur bénéficie du soutien de la Société de développe-
ment des entreprises culturelles du Québec pour son programme d'édition.

Le Conseil des Arts du Canada
The Canada Council for the Arts

Nous remercions le Conseil des Arts du Canada de l'aide
accordée à notre programme de publication.

Nous reconnaissons l'aide financière du gouvernement du
Canada par l'entremise du Programme d'aide au développe-
ment de l'industrie de l'édition (PADIÉ) pour nos activités
d'édition.

SOMMAIRE

INTRODUCTION

Au golf, le coup roulé est un élément capital. Améliorer votre technique, votre approche et votre niveau sur les verts va vous permettre de baisser votre handicap plus rapidement qu'en réalisant de bonnes séries dans le jeu long. Un golfeur possédant une bonne frappe peut s'avérer un piètre golfeur à cause de ses mauvais roulés. Mais un as du fer droit est quasiment toujours un excellent golfeur.

Si vous rentrez vos roulés en deux coups dans 90 % des cas, votre handicap va s'améliorer. En étant régulier au coup roulé, vous pourrez sauver la normale, réaliser des oiselets – vous deviendrez ainsi difficile à battre. Mais, même si vos départs sont médiocres, vos approches mauvaises et vos coups cochés lamentables, vous pouvez améliorer votre pointage avec un bon roulé. Si vous êtes médiocre, vous allez devenir bon, et si vous êtes bon, vous deviendrez excellent.

Le coup roulé garde souvent un côté mystérieux, insaisissable. Pour posséder un bon élan, il suffit d'appliquer quelques règles – une prise correcte, un bon placement, un bon rythme, etc. Avec le coup roulé, c'est plus délicat. Une technique et un rythme solides sont tout à fait souhaitables pour bien rouler la balle, mais il y a plus : vous devez trouver le côté magique, artistique de votre jeu. Le coup roulé est la partie obscure de la science de l'élan. Cet ouvrage va vous faire découvrir – ou redécouvrir – cet aspect de votre jeu. Vous allez apprendre tous les secrets – des pensées positives à l'entraînement sur le vert d'entraînement, de l'art de lire un vert aux astuces pour posséder un mental d'acier.

Bien qu'un bon ou mauvais coup roulé fasse la différence entre un bon ou mauvais handicap, la majorité des golfeurs consacrent trop peu de temps à cette partie du jeu, ils ne s'entraînent pratiquement jamais au vert d'exercice. Pourtant, on utilise beaucoup plus souvent le fer droit que le bois n° 1.

S'entraîner au coup roulé n'est pas très amusant, c'est même parfois franchement ennuyeux. Taper avec un bois 1 (ou essayer de… !) une centaine de balles est beaucoup plus satisfaisant que de faire 100 roulés. Dans cet ouvrage, nous allons vous donner des idées qui vous feront trouver plaisant l'entraînement sur les verts. Tout dépend comment on aborde ce dernier ; vos parcours deviendront beaucoup plus satisfaisants, car vous pourrez descendre votre pointage à 90, 80, et même 70.

Grâce à des illustrations claires et à des conseils judicieux, vous allez progresser sur les verts et votre niveau de golf va nettement s'améliorer. La lecture de cet ouvrage va vous rendre imbattable. Un conseil : ne le faites pas lire à vos adversaires !

ÉQUIPEMENT

Vous avez besoin d'un fer droit, mais lequel ? Le choix proposé dans les boutiques, spécialisées ou non, est extrêmement vaste. Si vous regardez une compétition, vous vous rendrez compte que chaque golfeur joue avec un bâton différent. On peut penser que le fer droit est un bâton comme un autre. Il n'en est rien et savoir choisir le bon fer droit peut faire la différence dans votre jeu.

Qu'est-ce qu'un fer droit ?

La variété dans le choix possible de fers droits est impressionnante et il est parfois difficile de trouver celui qui convient. Un fer droit peut être plus ou moins lourd, le poids étant plus ou moins en tête, le manche peut aussi être plus ou moins penché à l'avant. Les alliages utilisés pour la tête du bâton sont également divers. Une poignée plate doit être montée sur le manche pour aider au placement des mains.

Un trait sur le fer droit peut matérialiser la ligne de jeu, il vous aidera à mieux vous aligner à la mise en position.

Les anciens bâtons avaient une forme simple et élégante sans fioritures excessives ; leur lame en métal était très belle, sans complications inutiles. De nombreux fers droits ont un manche et une poignée longue, mais certains joueurs se sentent parfois plus à l'aise avec un bâton assez court.

Les 3 grands types de fers droits

Ce qui distingue les fers droits entre eux c'est leur point d'équilibre : le cheminement de la tête de bâton reste constant. Voici un guide rapide.

Fer droit « talon pointe »

Il n'existait autrefois qu'un seul type de fer droit – le fer droit « talon pointe ». Ce bâton simple dominait les verts avant que les fabricants de matériel de golf n'aient inventé et mis sur le marché des modèles beaucoup plus sophistiqués. Le fer droit « talon pointe » est en général celui qui est le plus difficile à utiliser par la majorité des golfeurs, mais il peut vous convenir parfaitement.

Les fabricants ont créé des 1ers droits ayant des formes et des tailles différentes pour vous aider sur les verts.

Manche, poignée, longueur, tout ce que vous devez savoir sur le fer droit
Un fer droit est un bâton dont l'angle d'ouverture n'excède pas 10 degrés. Ce type de bâton est utilisé pour jouer sur les verts. Le manche d'un fer droit peut être fixé sur n'importe quel point de la tête du bâton. La poignée doit avoir une section non circulaire ; et sa morphologie est identique sur toute sa longueur. La longueur totale d'un fer droit peut varier d'un bâton à l'autre.

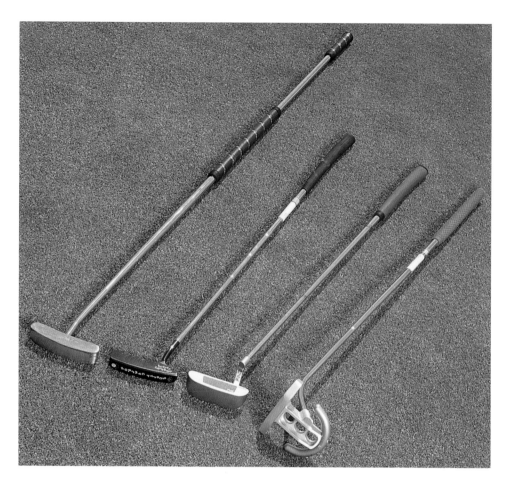

Fer droit équilibré face arrière

Ce bâton, dans lequel on a inséré une masse
métallique à l'arrière du bâton pour augmenter
la puissance de frappe, offre un toucher vigoureux et
solide. Les fers droits équilibrés face arrière sont
les bâtons les plus fréquents aujourd'hui et ils
permettent de faire des frappes uniformes.

Fer droit médium

Ce bâton intermédiaire possède le meilleur des deux
autres, avec une forme élégante, une apparence solide
et le toucher du fer droit équilibré face arrière.
C'est ce bâton qui a lancé la célèbre marque Ping.

N'oubliez pas qu'il n'existe aucun fer droit qui
convient à tout le monde. C'est à vous de trouver
celui qui vous procurera les meilleures sensations.
N'hésitez pas à en essayer plusieurs sur le vert
d'entraînement.

Il existe un type de fer droit
adapté au niveau de chaque
golfeur.

Le mot juste

Angle d'ouverture C'est
l'angle d'attaque formé par
la tête du bâton et le manche.
La face du bâton par rapport
au sol forme généralement
un angle de 90°.

Le bon fer droit pour vous

Choisir le bon bâton est surtout une question de confort. Si vous éprouvez de bonnes sensations, ne tenez pas compte de l'apparence, seul le résultat compte. Si vous êtes en train de revoir votre équipement, réfléchissez : utilisez-vous votre fer droit parce que vous l'appréciez ou parce que c'est le seul que vous possédez ? Il est peut-être temps de changer ; voici un petit guide pour vous aider à découvrir le fer droit idéal.

Ne vous laissez pas impressionner par le nombre de fers droits disponibles sur le marché. Demandez à un professionnel de vous expliquer les avantages et les inconvénients de chacun. Les fabricants ajoutent parfois des gadgets sans que cela affecte leurs propriétés fondamentales. Trois choses doivent vous guider dans le choix d'un fer droit : être à l'aise, avoir une bonne prise en main et de bonnes sensations.

Votre fer droit est fait pour vous

C'est le fer droit qui doit être adapté à vous et non vous à votre fer droit. Trop de golfeurs jouent en ayant un équipement peu ou mal adapté et sont obligés de compenser un bâton trop court ou trop long par des techniques parfois étonnantes. Choisissez un fer droit qui a la bonne longueur par rapport à votre morphologie. Lorsque vous vous mettez en position, les bras doivent tomber naturellement de façon à ce que les coudes soient détendus et droits, mais pas rigides. Si le fer droit est trop court, vous plierez trop les genoux ou les coudes, ce qui entraînera des frappes peu assurées. Si le fer droit est trop long, ce sont les bras qui seront trop étirés pour que la tête du fer droit reste derrière la balle, et vous manquerez de toucher et de sensation dans la frappe. À la mise en position, vous devez vous sentir dans une position naturelle, le bâton derrière la balle.

Avec un fer droit court vous serez trop penché sur la balle.

Un fer droit plus long vous éloignera de la balle.

La bonne taille favorise une posture confortable à la mise en position.

Choisissez le fer droit adapté à votre jeu

Les différents fers droits peuvent être classés en 3 grandes catégories. Chacune est plus ou moins adaptée à votre façon de jouer. Mettez au point votre jeu avec le fer droit qui deviendra le vôtre.

Fer droit « talon pointe »

C'est le bâton qui convient aux golfeurs qui ont une trajectoire en arc de cercle plus marquée à l'intérieur de la ligne de jeu (voir p. 31). Ben Crenshaw fut le plus célèbre joueur possédant ce type de coup. Sa tête de bâton était intérieure à la montée, puis perpendiculaire à l'impact, et de nouveau intérieure au prolonger.

Fer droit équilibré face arrière

Ce fer droit est particulièrement performant pour les joueurs dont la frappe rectiligne fait un mouvement de balancier – c'est la technique la plus répandue. La face du fer droit reste perpendiculaire à la ligne de jeu pendant toute la trajectoire du bâton. La prise d'élan et la traversée sont rectilignes et la balle roule tout droit. Retief Goosen et Colin Montgomerie font partie des grands joueurs qui ont utilisé cette technique.

Fer droit médium

Ce fer droit intermédiaire utilise les deux styles précédents, c'est la raison de son succès. Si vous tenez tous les bâtons en ayant la semelle parallèle au sol, les mains basses étant à la verticale, la face du bâton reste horizontale par rapport au sol et l'angle d'attaque du fer droit médium reste constant à 45°.

Changer peut être une solution

Jouer avec 2 ou 3 fers droits différents et en changer régulièrement sur le vert d'entraînement peut s'avérer une excellente solution pour connaître de nouvelles sensations. Changer de fer droit peut améliorer votre toucher. Mais prudence sur un parcours : ce n'est pas le moment de changer de fer droit.

Trois types de fers droits

Un fer droit équilibré face arrière convient pour le mouvement de balancier.

Un fer droit médium permet de légères déviations.

Un fer droit « talon pointe » est utile pour des défauts plus prononcés.

Les fers droits abdominaux et les fers droits longs

Sur les parcours de golf on peut voir d'autres types de fer droit. Leur apparence étonne bien souvent et anime les conversations ; ils semblent si bizarres qu'on pense parfois qu'ils ne sont pas autorisés : c'est le cas du fer droit abdominal et du fer droit long. Le but d'un fer droit est de faire rouler la balle jusqu'à la cible, le trou. Bien utilisés, c'est ce que peuvent parfaitement réaliser le fer droit long et le fer droit abdominal.

Qu'est-ce qu'un fer droit abdominal ?

Il possède une tête de bâton classique, mais son manche est plus long. Ce manche allongé arrive au niveau du ventre et la prise de bâton doit être plus basse que pour une prise orthodoxe avec un bâton ordinaire. Ce bâton est moins long que le fer droit long, mais plus long qu'un fer droit classique.

Qu'apporte-t-il ?

Ce genre de fer droit empêche d'avoir trop de poignet. L'extrémité de la poignée étant enfoncée dans l'estomac, cela crée un point d'ancrage qui permet de prendre une bonne position à la mise en position. Ce pivot tient le bâton en place lorsqu'on tourne les épaules pendant la frappe.

Est-il très utilisé ?

D'excellents golfeurs ont utilisé le fer droit abdominal – Colin Montgomerie et Vijay Singh sont deux adeptes célèbres. Après une belle carrière, le niveau de Vijay a baissé et il est revenu à un fer droit classique – trois mois plus tard, il était numéro 1 mondial.

Le diaphragme est le point d'ancrage du fer droit abdominal. Le manche du bâton s'appuie sur ce pivot pour permettre une prise ferme.

Avant d'acheter

Si vous avez l'intention d'acheter un fer droit long ou un fer droit abdominal, vérifiez que ce genre de bâton est bien pour vous. Le fait que son point d'ancrage soit sur le diaphragme n'est pas suffisant pour croire qu'il va être forcément parfait – prenez en considération votre poids et votre constitution, il faut qu'il soit à la bonne taille afin qu'il vienne « se nicher » confortablement dans le creux de l'estomac lorsque vous jouez un roulé.

Qu'est-ce qu'un fer droit long ?

Voilà également un fer droit plus long. Le manche est plus long que celui du fer droit abdominal et la prise de bâton est double, une main à l'extrémité de la poignée, l'autre au milieu. La prise de bâton mains éloignées est obligatoire. La tête de bâton est identique à celle des autres fers droits.

Qu'apporte-t-il ?

Le fer droit long permet de lutter contre le découragement qu'éprouvent parfois les golfeurs sur les verts. En effet, il peut arriver que les professionnels aient des gestes incontrôlés, un désagrément pénible qui apparaît au moment des roulés courts (voir p. 44). Le fer droit long a été créé pour pallier ces problèmes. L'idée est que les mains ne servent pas pour la frappe ; c'est la vitesse acquise par le bâton ou le mouvement des épaules seules qui agissent sur la tête du bâton – les mains étant simplement en place pour exercer une pression légère.

Est-il très utilisé ?

De nombreux golfeurs seniors prennent un fer droit long, les mouvements incontrôlés augmentant souvent avec l'âge. L'Écossais Sam Torrance et l'Allemand Bernhard Langer sont deux célèbres utilisateurs de bâtons très longs et l'ancien vainqueur de Masters Ian Woosnam passait sans problème d'un fer droit classique à un fer droit long. Il est peu utilisé par les amateurs.

Le fer droit long, en bloquant les mains, empêche de donner un coup de poignet pendant la frappe.

La malédiction du fer droit long !

Le fer droit long n'a pas bonne presse. Pour les professionnels, vous ne parviendrez jamais, avec ce fer droit, au même niveau de jeu qu'avec un bâton plus court. Pourtant, grâce à lui, des joueurs ont pu jouer longtemps.

Le mot juste

Balance C'est le point d'équilibre, le centre de gravité de la tête du bâton.

La prise

La façon dont vous tenez votre bâton est essentielle pour réussir de bons roulés. La prise va déterminer votre technique, vos sensations et votre confort de prise. Avec une prise solide vous aurez votre fer droit bien en main et vous aurez plus confiance en vous. Mais, comme pour n'importe quel secteur du golf, cette technique exige travail et pratique. Grâce aux conseils ci-dessous, vous allez acquérir une prise orthodoxe (classique) ou inversée.

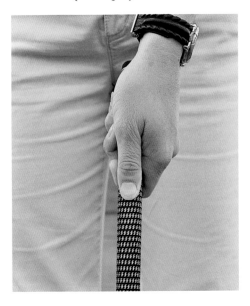

1 Placez la main gauche sur le bâton, comme pour une prise Vardon classique (c'est la façon la plus classique pour l'élan). Saisissez la poignée du bâton dans la paume de la main et serrez-la avec les doigts comme vous le feriez pour un élan complet. Laissez l'index libre et cherchez à avoir une prise la plus normale possible.

2 Placez la main droite sur le bâton. Elle doit être au-dessous de l'index gauche qui ne touche pas la poignée. Ensuite, tournez la poignée dans les paumes et serrez-la avec les doigts. Laissez l'index gauche sur les doigts de la main droite – à l'inverse de la prise Vardon où l'auriculaire de la main droite est placé sur l'auriculaire de la main gauche. Enfin, en bougeant vos mains, essayez d'avoir la meilleure prise possible. Grâce à une bonne prise, vous bloquerez les poignets, c'est la clé d'un bon coup roulé.

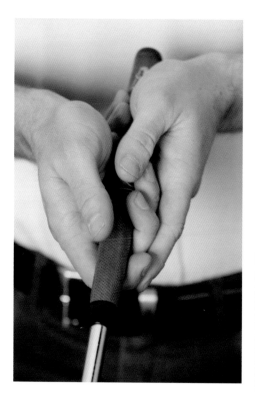

Une bonne prise est le secret d'une bonne frappe.

La bonne prise

Un golfeur averti n'empoigne pas la poignée en serrant celle-ci comme s'il s'agissait d'ouvrir le couvercle récalcitrant d'un pot de confiture. Une bonne prise est ferme et met en action tous les muscles – en particulier ceux des mains et des bras. Soyez détendu et tenez le bâton tranquillement pour réaliser un coup rythmé et bien en ligne.

Principe d'une bonne prise

Quand vous jouez un roulé, la tête du fer droit doit être parfaitement alignée par rapport à l'axe de trajectoire choisi. La balle doit rouler en ligne droite lorsque le mouvement est achevé. Ce sont les mains qui travaillent et la prise sera efficace lorsque celles-ci n'en feront qu'une, aucune des deux n'ayant plus de force et d'influence que l'autre.

Un trop fort coup de poignet

Une mauvaise prise peut être due à un trop fort coup de poignet. Cette technique a été beaucoup utilisée lorsque les verts étaient lents. Aujourd'hui, les verts sont beaucoup plus rapides et vous allez au-devant de déboires en utilisant cette façon de rouler. Si vous donnez trop de poignet dans votre coup, vous aurez du mal à éprouver les bonnes sensations. Les petits muscles des mains ne doivent pas générer de mouvements parasites par rapport aux grands muscles des épaules.

Face du fer droit ouverte ou fermée à l'impact

Une bonne prise permet d'avoir la tête du fer droit perpendiculaire à l'impact. Si votre prise n'est pas bonne, vos roulés ne seront pas droits, car la face du bâton sera trop ouverte ou fermée. Avec une face ouverte, vos roulés auront tendance à aller vers la droite, vers la gauche avec une face fermée. Cela est dû à une trop forte pression des mains au moment de la frappe.

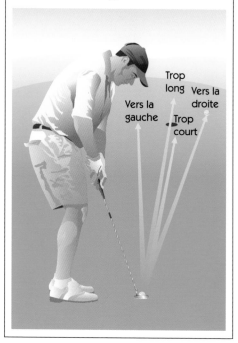

Des prises moins classiques

Le coup roulé est une des phases de jeu qui a donné lieu au maximum d'interprétation et d'innovation. Le but de chaque golfeur est de trouver sa prise personnelle, la plus confortable possible. Lorsque vous l'aurez acquise et même si elle peut sembler ridicule, gardez-la. Grâce à de nombreuses nouveautés, la façon de jouer un roulé a beaucoup évolué depuis quelques années.

La prise de gaucher

De nombreux golfeurs âgés ont tendance à perdre de la force dans leur prise. Une façon de remédier à ce désagrément est dans un changement de prise. La prise de la main gauche peut être une bonne alternative. Au lieu de rouler en ayant la main gauche sur la droite, placez d'abord la main droite en haut de la poignée, paume face à la cible. La main gauche est ensuite placée sous la droite, le dos face à la cible. À la mise en position, l'axe des épaules doit être parallèle au sol, ce qui rend le balancement du pendule le plus souple possible. La prise d'élan et la traversée de la balle sont symétriques pour que la tête du fer droit rase le sol pendant la frappe.

La prise de Langer

Cette méthode très étonnante a permis à l'Allemand Bernhard Langer de rester parmi les meilleurs joueurs mondiaux. Placez la main gauche sous la main droite et tenez fermement la poignée contre votre avant-bras gauche. Maintenez-le dans cette position avec le pouce droit. Cette façon peu orthodoxe de tenir la poignée met un peu les mains « hors jeu ». Elle est assez peu utilisée, mais a le mérite d'être efficace.

La pince

Le joueur professionnel américain Chris Dimarco a pu longtemps rester dans le top 10 grâce à cette prise extraordinaire qui a permis à ses roulés et à sa carrière d'être au plus haut. Bien sûr, de nombreux joueurs ont tenté de copier sa méthode avec des succès divers. Placez la main droite sous la main gauche – une position classique – mais tournez la main droite, en tenant le bâton comme si votre poignée était une pince. Cette technique empêche le poignet de casser et donne une frappe sans à-coups.

Changer de main pour rouler

Si vous faites partie de ceux qui « galèrent » sur les verts et si vous êtes un golfeur peu satisfait de ses roulés avec la main droite, n'ayez pas peur d'essayer un fer droit pour gaucher et de voir ce que cela donne. Certains joueurs professionnels célèbres – Notah Begay III est de ceux-là – sont droitiers en général mais jouent leurs roulés avec la main gauche. Ainsi, les faiblesses de votre geste habituel n'affecteront pas votre coup roulé.

Les bases de la prise

Se sentir le plus à l'aise possible quelle que soit votre prise est l'objectif commun de toutes ces techniques.

1 Ne serrez pas trop le fer droit. Si votre prise est trop forte, vous perdrez des sensations et vous serez tendu sur la balle. Observez le diagramme : 0 correspond à une prise très faible et 10 est une prise très forte, votre prise doit se situer autour de 4.

10 trop serré

Juste bien

0 trop faible

Paume

Vers le but

2 Paumes face à la cible, dos de la main face à la cible. Quelle que soit votre façon de rouler, la main droite sur la gauche ou la gauche sur la droite, le dos de la main gauche et la paume de la main droite sont face à la cible, votre prise est neutre et les mains solidaires.

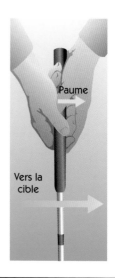

Paume

Vers la cible

Prises pour fer droit abdominal et fer droit long

Si vous investissez dans un fer droit long ou un fer droit abdominal, vous ne verrez pas les avantages de ces acquisitions si vous ne savez pas comment vous en servir – un peu comme si vous achetiez une Ferrari pour aller faire les courses au coin de la rue ! Chacun de ces longs bâtons possède une technique associée.

Les prises du fer droit long

Il existe deux prises le plus souvent utilisées avec le fer droit long. Essayez les deux pour connaître celle qui sera la plus efficace pour vous. C'est celle avec laquelle vous serez le plus à l'aise, et qui donnera les meilleurs résultats.

Prise des épaules

1 Si vous portez votre montre au bras gauche, servez-vous de cette indication pour cette prise. Il faut que l'attache de la montre soit devant vous. Ainsi, le poignet et l'avant-bras gauches sont dans le même axe vers la cible.

2 Le coup produit est dû à un basculement de l'épaule gauche ; vous conservez le poignet, l'avant-bras et la montre sur une même ligne vers la cible. La main droite tient le bâton légèrement pendant que vous frappez la balle. Il peut y avoir ou pas un petit jeu de poignet – le bâton bouge grâce aux épaules.

Prise de la main

1 Cette prise oblige les poignets à garder le bon angle par rapport à la ligne de roulé. Placez le bâton sur le côté gauche de la poitrine. Le coude gauche est alors automatiquement tourné vers vous.

2 La main droite guide le fer droit, le poignet gauche frappe le coup. Ne bougez pas l'épaule et le bras gauches ; laissez simplement la main droite guider le fer droit.

Les prises du fer droit abdominal

Le fer droit abdominal est très controversé : pour certains, il apporte la réussite, pour d'autres le désordre. Il serait la façon la plus sûre de rouler selon une idée répandue – à condition d'utiliser la bonne technique. Il existe deux raisons qui expliquent l'intérêt suscité par le fer droit abdominal. D'abord, il empêche les mouvements de poignet. Ensuite, il donne automatiquement une accélération à la tête de bâton sur la balle.

Le point d'ancrage

Le demi-balai

1 Placez l'extrémité de la poignée solidement dans le creux de l'estomac et prenez une prise classique – inversée, par exemple.

2 En gardant l'extrémité de la poignée rigide, donnez à la tête du bâton un mouvement pendulaire. Conservez l'extrémité de la poignée immobile pour avoir une frappe solide, sans mouvements inutiles. L'estomac devient un pivot qui compense les mouvements involontaires des mains.

1 Une autre façon de se servir du fer droit abdominal : le tenir comme un fer droit long. Les mains sont séparées : la droite guide le fer droit tandis que la gauche tient l'extrémité de la poignée fermement contre l'estomac. C'est l'équivalent de la prise de la main avec le fer droit long.

Discussions à propos du fer droit abdominal

Le problème avec le fer droit abdominal vient du fait que son point d'ancrage est l'estomac. En effet, de nombreux joueurs pensent qu'un fer droit ne peut être pris que grâce à deux pivots : les mains. En ancrant le fer droit dans le creux de l'estomac et en réduisant l'importance du poignet dans la frappe, vous compensez les mouvements involontaires et instinctifs. Le fait que cela donne un jeu plus facile et plus accessible n'est pas si mal – mais les arguments pour ou contre continuent de s'affronter.

LE PLACEMENT

Maintenant que vous avez trouvé une prise neutre et confortable, avoir un bon placement est capital pour une frappe égale, mais solide. Un mauvais placement entraîne de nombreux problèmes, aussi travailler les fondamentaux est-il très important.

Position de pieds et posture

Pour bien rouler la balle, vous devez être à l'aise dans une position stable. Le geste part des épaules pour que la balle roule sans à-coups ; cela démarre grâce à une posture solide. Tenez-vous droit devant la balle, essayez de faire partir le mouvement des hanches en laissant les mains pendre naturellement, et non pas crispées le long du corps. Les genoux légèrement fléchis, le dos aussi droit et détendu que possible, voilà la bonne position.

Le mot juste

Crochet intérieur Coup joué en donnant un effet de droite à gauche. La trajectoire de la balle décrit une courbe de la droite vers la gauche

À la mise en position, laissez vos bras pendre naturellement.

Un exemple de bon placement.

Le poids du corps bien réparti

À la mise en position, le poids du corps doit être également réparti sur les deux jambes. Le coup part des épaules, pas du haut du corps. Répartissez le poids sur la plante des pieds, pas sur les talons, vous seriez trop en arrière, ni sur les orteils, vous seriez trop en avant. Si cela arrivait, corrigez rapidement votre position de pieds, la position idéale étant la balle face au talon gauche.

Bonne position de la balle

La position de la balle est un élément capital dans l'art du roulé, et ce petit exercice vous aidera à savoir si elle est bien positionnée par rapport à votre position de pieds.

À la mise en position, la balle étant à sa place habituelle, prenez une autre balle et laissez-la tomber depuis l'arête du nez. Elle doit tomber sur la première balle. Vous pouvez également tenir le fer droit à l'aplomb du nez. Si la tête du bâton cache la balle sur le sol, c'est que vous êtes dans une position correcte.

Faire tous ses roulés droits

Le roulé est un coup simple, mais garder le geste simple est difficile. Si vous êtes perturbé par la direction et la trajectoire de la balle, corrigez votre alignement. Choisissez un point de visée entre vous et le trou où vous pensez que la balle devrait passer. Alignez-vous alors directement sur ce point. Oubliez le trou et jouez un roulé tout droit vers ce point.

Alignement

C'est bien souvent un mauvais alignement qui est la cause de tant de mauvais coups roulés. À ne jamais oublier : il faut d'abord aligner la face du fer droit, puis s'aligner en conséquence. La face du fer droit doit être parfaitement perpendiculaire par rapport à la ligne de jeu. Il faut que tout le corps soit bien aligné. Imaginez une ligne entre la balle et le trou, qui englobe chaussures, genoux, hanches et – le plus important – épaules, tous étant parallèles à celui-ci. Posez un bâton sur le sol qui soit parallèle à la ligne de jeu entre vous et la balle. Utilisez-le pour vérifier que votre alignement est correct.

Autres placements

Au fil de l'histoire du golf, les grands joueurs ont adopté et adapté chacun la technique qui leur convenait le mieux au roulé. Elles étaient parfois étonnantes. Voici quelques placements qui donnent des résultats divers.

Position ouverte

Le joueur professionnel américain Billy Mayfair avait une position ouverte à sa mise en position – en ayant le corps aligné à gauche. Le résultat du roulé donnait un effet latéral à la balle. Il possédait heureusement un toucher naturel impressionnant, qui compensait une technique pour le moins hasardeuse.

Position fermée

Le Sud-Africain de légende Bobby Locke, qui a gagné quatre omniums, utilisait une position de pieds très fermée. Sa tête et son dos étaient à la verticale de la balle. Il frappait la balle avec une montée très basse, en fléchissant son poignet gauche et en cherchant à ce que la tête du fer droit se déplace lentement et de façon fluide, ce qui produisait un crochet intérieur.

Genoux bloqués

Lorsque les verts étaient moins rapides, les golfeurs utilisaient davantage les poignets et la balle avait plus d'effet. Arnold Palmer, un des meilleurs joueurs de roulés qui ait existé, a exécuté ses roulés durant toute sa carrière de joueur professionnel de la même manière. Pour être bien stable, il se tenait immobile, les genoux serrés, pointes de pieds tournées vers l'intérieur. C'était une façon d'attaquer la balle pour qu'elle roule avec précision sur des verts lents.

Penché sur la balle

Le style du célèbre Jack Nicklaus est caractéristique :
il est penché sur la balle, ses yeux étant parfaitement
à la verticale de celle-ci. L'épaule droite est basse
à la mise en position, le coude droit fléchi. C'est
l'angle formé par le coude et le poignet droits qui est
déterminant chez ce golfeur qui jouait sur les verts
plus lents des années 1960.

Comme au croquet

Le grand Sam Snead, à la fin de sa brillante carrière,
avait un léger mouvement incontrôlé du poignet.
Aussi, changea-t-il sa manière de jouer en inventant
une façon de rouler comme s'il s'agissait du jeu de
croquet. Prenant position jambes écartées, il tenait son
bâton comme un maillet de croquet. Mais cette méhode
a été interdite – les raisons de cette interdiction ne sont
pas très claires et semblent essentiellement de l'ordre
de l'esthétique et de la tradition.

Le roulé de côté

Sam Snead, après l'interdiction de sa méthode
du croquet, en inventa une nouvelle : coup roulé de
côté. Il se tenait aussi loin que possible de la ligne
de roulé, les jambes très peu écartées, la poitrine face
à la cible, les mains éloignées l'une de l'autre sur le fer
droit. Sam Snead étant alors en fin de carrière, les juges
n'intervinrent pas et le laissèrent jouer ainsi.

5 points pour un bon placement

Avant d'essayer une
de ces étonnantes façons
de rouler, il est préférable
de vaincre les verts en
acquérant des placements
plus classiques. Voici
les 5 points à avoir
toujours en tête au
moment du placement.

1 **Être bien positionné par rapport à la balle**

2 **Avoir une prise légère**

3 **Le poids sur l'avant des pieds**

4 **Garder les yeux sur la balle**

5 **Être à l'aise**

Les erreurs fréquentes et leurs solutions

De nombreux problèmes rencontrés sur le vert sont dus à des erreurs de positionnement. Voici quelques difficultés classiques rencontrées par les golfeurs à cause d'une mauvaise position et comment y remédier.

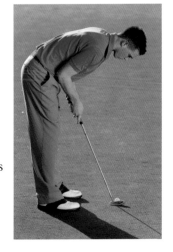

Mauvaise position

La position, essentielle dans le coup roulé, doit être la meilleure possible par rapport à la balle ; vous devez bien contrôler le mouvement du corps pour réussir votre mouvement. Si vous êtes voûté, vous aurez du mal à passer les bras sans un coup de poignet excessif. Si vous êtes trop raide, vous aurez un toucher médiocre et de mauvaises sensations.

Solution : exercice pour une meilleure position

Vous pouvez faire cet exercice tout simple partout, que vous ayez une balle et un bâton ou pas.

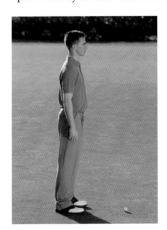

1 Tout d'abord, tenez-vous debout au-dessus de la balle. Laissez pendre les bras naturellement le long du corps, comme si vous teniez un fer droit. Essayez d'avoir le dos aussi droit que possible.

2 Maintenant, penchez-vous à partir des hanches et seulement des hanches. Gardez les bras ballants en partant des épaules jusqu'à ce que vous arriviez à la position dans laquelle le fer droit toucherait le sol. Soyez attentif à garder le dos droit et les jambes tendues.

3 Enfin, pliez légèrement les genoux dans une position où vous vous sentez à l'aise, les fesses un peu en arrière tout en gardant le dos droit. Vous devez être dans une position solide, stable et confortable.

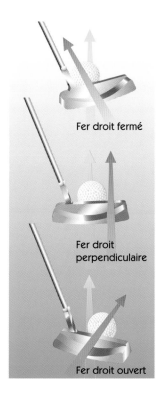

Fer droit fermé

Fer droit perpendiculaire

Fer droit ouvert

Mauvais alignement

Si vous ne parvenez pas à être bien aligné sur la ligne de trajectoire de la balle, vous avez peu de chances de réussir un roulé bien droit lorsque vous effectuez un mouvement de pendule. Bien souvent, les golfeurs ont une position fermée (alignée à droite) ou une position ouverte (alignée à gauche) par rapport à la cible ; c'est parfait si vous avez le bonheur de posséder du style et un excellent toucher. Mais le plus souvent, cela donne des roulés inconsistants.

Solution : faire des roulés courts

La meilleure façon pour acquérir un alignement adéquat et naturel est de vous exercer à faire une série de roulés courts. Placez-vous à 1,2 m, 1,5 m et 1,8 m de la cible sur une surface plane. Pour vous obliger à avoir la bonne position, placez un bâton sur le sol de chaque côté de la balle positionnée vers le trou, puis installez un autre bâton contre le bout des chaussures et parallèle aux bâtons qui sont de chaque côté de la balle. Après avoir frappé plusieurs séries de roulés courts, votre alignement deviendra naturellement juste.

Exercices pour un meilleur placement

Très souvent, c'est à cause d'une mauvaise position à la prise de position initiale que le golfeur joue de mauvais coups. Voici des exercices pour le vert d'entraînement qui vous permettront d'améliorer votre placement. Étudiez-les bien, surtout si vous jouez beaucoup. Il est facile de prendre de mauvaises habitudes qui entraîneront des baisses de résultat inexpliquées.

Position de la balle 1

La position de la balle est très importante dans le coup roulé. Celle-ci doit être devant votre position de pieds et vos yeux doivent rester toujours sur elle. Si ces derniers ne sont pas parfaitement sur la ligne de roulé, ce sera difficile de bien savoir où est cette dernière. Imaginez que vous voulez faire rouler la balle vers le trou par en dessous. Quel mouvement du bras feriez-vous ? Suivrait-il le côté du corps ou projetteriez-vous la balle dans un mouvement plus près du visage ? Plus le mouvement du bras s'éloigne du côté du corps, plus il est difficile d'atteindre le but. Il faut que le bras suive au plus près le parcours de la balle jusqu'à la cible.

Position de la balle 2

Lorsque vous exécutez un roulé, les yeux doivent se trouver au-dessus la balle pour vous donner une perspective juste et la bonne sensation lorsque vous la frapperez. Pour vous aider à trouver la meilleure position de la balle, mettez-vous normalement devant elle, puis placez une autre balle devant l'œil gauche. Laissez tomber celle-ci – si vous avez une bonne position, elle va tomber directement sur la balle qui est au sol. Entraînez-vous jusqu'à ce que cela devienne facile.

Membres solidaires

Garder bras et torse solidaires est aussi important dans le cas du coup roulé que pour réaliser un élan réussi. Lorsque les bras et le tronc ne forment pas un ensemble solide, ce sont les poignets et les avant-bras qui vont jouer, ce qui peut devenir une source de problèmes Lorsque vous prenez position, laissez tomber naturellement les bras. Tournez les mains de façon à ce que le dos des mains soit face aux cuisses, les paumes vers l'extérieur et les coudes tournés vers l'intérieur ; ensuite, faites se joindre les paumes de mains, en ayant les bras, le tronc et les épaules toujours solidaires. Prenez alors le fer droit et démarrez vos coups, en vous servant des épaules pour avoir un mouvement de balancier et en contrôlant bien tous les muscles.

LE COUP

Au cours de la longue histoire du golf, la façon de réaliser un coup roulé a évolué. Aujourd'hui, un équipement moderne et des verts rapides ont beaucoup changé la manière de jouer et on est loin des verts boueux et des bâtons antiques ! Voici quelques principes de base pour un coup solide.

Le mot juste

La traversée de la balle Lorsque vous jouez un roulé, la tête du bâton doit être accélérée même après le contact avec la balle. Une décélération de la frappe entraîne toujours un mauvais coup.

Verts rapides ou lents Il existe deux types de verts. Les verts rapides nécessitent une accélération plus faible que les verts lents qui exigent une frappe plus ferme.

Le coup simple

1 Avoir le contrôle de son corps : voilà une des clés de la réussite pour des bons roulés. C'est un mouvement de bascule des épaules. Tout geste inconsidéré des mains, poignets ou avant-bras fera dévier votre frappe de sa trajectoire.

2 Ne cherchez pas à garder les mains et les bras trop raides, cela pourrait entraîner un mauvais toucher. Laissez-les aussi souples que possible. À partir des épaules, faites un mouvement pendulaire – montée et descente – le plus fluide possible.

3 Accélérez sur la balle à l'impact – sinon votre frappe sera hésitante. La traversée doit être aussi longue que la prise d'élan, et toute l'énergie déployée doit venir, non pas des bras ou du corps, mais des épaules. Être le plus détendu et à l'aise possible pendant la frappe évite les coups saccadés.

Être en ligne

1 Placez le fer droit derrière la balle directement sur son trajet, en ne basculant que les épaules. Si un mouvement intempestif des mains se produit au moment de la frappe, la tête du bâton sera mal orientée. Gardez les bras et le reste du corps « chaînés » entre eux – il faut qu'ils travaillent ensemble et non pas chacun pour soi !

2 L'impact est le moment de vérité. Peu importe comment le bâton arrive à ce point – mais il faut que la face du fer droit soit perpendiculaire par rapport à la direction de la cible, sans tenir compte de l'endroit où elle était auparavant. Si le fer droit est derrière la ligne de jeu, ce sera plus facile de jouer avec précision.

3 Gardez le même rythme pendant la frappe, en ayant une accélération fluide au moment de l'impact et après l'impact. Toute la réussite d'un bon coup roulé est là. Le passage entre la montée du roulé et la descente doit être le plus doux, le plus fluide possible, en évitant les heurts.

À ne pas oublier avant la frappe

● Mettez le fer droit derrière la ligne du roulé, cela augmentera vos chances de revenir perpendiculaire par rapport à la balle à l'impact.

● Ce sont les épaules qui travaillent ; pas le corps, les bras ou les jambes – les muscles des épaules vous permettront d'avoir une frappe solide.

● Il faut que les bras et le corps soient liés durant la frappe sinon vous contrôlerez mal la tête du bâton.

● Accélérez sur la balle au point d'impact pour éviter un mauvais tempo et des coups saccadés.

La trajectoire du fer droit

Comme pour de nombreuses techniques au golf, il n'existe pas de solutions pures et dures pour une trajectoire de fer droit correcte. Nous vous proposons deux méthodes pour y arriver, mais si, sur le terrain votre méthode marche, ne changez rien. Il existe deux sortes de coups roulés parmi lesquelles vous pouvez choisir afin d'en développer une plus particulièrement.

Pour beaucoup, le mouvement ci-dessous est la façon la plus évidente de jouer un roulé. La face du fer droit va forcément bien se positionner face à la cible !

Montée et descente parallèles

1 Donnez au fer droit un franc mouvement pendulaire, avec une montée et une descente parallèles à la cible. Après l'impact, le fer droit doit être parallèle à la ligne de jeu.

2 Au prolonger, le fer droit reste dans le même mouvement, aidant la balle à avoir un chemin correct. Il ne doit pas y avoir d'à-coups au moment du contact avec la balle, le mouvement pendulaire est dans la continuité. La balle prend la direction de la cible et roule bien.

Le mot juste

Montée Mouvement arrière complet du bâton. Le mouvement démarre à la prise de position et se prolonge jusqu'au sommet de l'élan.

Prolonger Après l'impact, c'est la direction que prend le bâton après avoir frappé la balle.

La façon qui vous convient

Si vous jouez en ayant plutôt une montée et descente parallèles, prenez un fer droit équilibré face arrière pour un meilleur roulement de la balle. Un fer droit « talon pointe » permettra des coups en montée intérieure. Il faut que vous trouviez la façon la plus confortable possible de frapper la balle – c'est ce qui compte le plus lors du choix du fer droit.

À l'intérieur de la ligne, traversée perpendiculaire

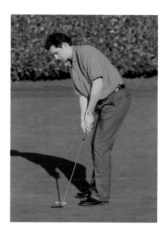

1 Placez le bâton directement à l'arrière de la ligne de jeu. Le fer droit se balancera alors tout près de votre corps. Frappez la balle directement le long de la ligne de roulé. C'est cette petite différence qui fera que le fer droit restera plus longtemps dans la ligne.

2 Lorsque le fer droit frappe la balle, l'impact est perpendiculaire à la ligne de jeu, créant un roulage important. Cette technique est souvent utilisée pour les longs roulés où la montée est prolongée ; cela tire automatiquement le bâton à l'intérieur de la ligne. De nombreux golfeurs pratiquent cette façon naturelle d'exécuter le roulé ; pensez à une porte qui s'ouvre et se ferme doucement, le mouvement du roulé doit être similaire à cet arc.

Avantages de chaque technique

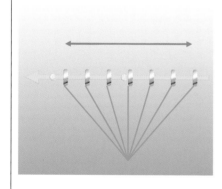

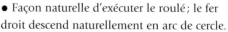

Montée et descente directes
- La face du fer droit est toujours vers la cible.

- Simple à comprendre et efficace, technique simple.

- Il est facile de contrôler le tempo, la balle suit le chemin de l'élan.

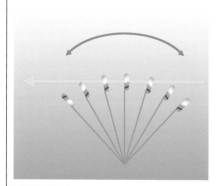

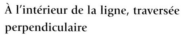

À l'intérieur de la ligne, traversée perpendiculaire
- Façon naturelle d'exécuter le roulé ; le fer droit descend naturellement en arc de cercle.

- Simple sur les longs roulés ; le bâton oscille automatiquement à l'intérieur de la ligne.

- Souvent confortable à exécuter.

Erreurs classiques – solutions simples

Le samedi matin, on voit fréquemment trois grandes
erreurs sur les verts. Les solutions sont simples,
mais demandent du temps pour être efficaces.
Bien sûr, vous pouvez changer de bâton ou travailler
des petits trucs, mais seul un entraînement opiniâtre
et régulier vous fera progresser.

Un tempo inégal

Au coup roulé, un tempo régulier et un bon rythme sont
très importants. Si vous voyez un golfeur avoir des coups
saccadés ou de mauvaises traversées de balle, c'est dû
à un tempo et un rythme non contrôlés. Si la montée est
trop longue ou trop courte, c'est qu'il a compensé soit en
décélérant le bâton à l'impact, soit en étant trop fort sur
la balle. Une montée courte donne des frappes rigides,
une montée longue entraîne un impact hésitant.

Solution : améliorez la montée de balle

1 Placez-vous à environ
6 m du trou et posez 3 balles
sur le sol. Concentrez-vous
pour faire une montée courte
tout en cherchant à rentrer
dans le trou. Que se passe-
t-il ? Vous avez donné un
coup sec à la balle qui a
été mal contrôlée, votre
technique est mauvaise.

2 Effectuez une très
longue montée avec la balle
suivante – le coup est-il
facile à terminer ? Vous êtes
descendu trop lentement à
l'impact ; peut-être même
avez-vous arraché de l'herbe
avec la balle.

3 Enfin, faites un coup
avec une montée moyenne
– vous comprendrez vite
que c'est plus facile et plus
précis, en ayant un tempo
égal et solide.

Poignets cassés

Pour rouler avec régularité, vous avez besoin des grands muscles des épaules et du dos ; attention, ils souffriront de coups involontaires et saccadés ou s'ils sont mal utilisés. Bien souvent, on donne trop de poignet pendant le coup. Ceux-ci doivent rester fermes, pas rigides.

Solution : utilisez un crayon

Pour résoudre ce problème, glissez un crayon à l'intérieur du gant avant de faire un roulé. Effectuez quelques roulés moyens de 2 à 3 m ; le crayon, qui joue le rôle d'une attelle, oblige le poignet à ne pas bouger et à avoir un mouvement d'une seule pièce. Cela vous aidera à mieux diriger le dos de la main gauche vers le trou, et à avoir une frappe fluide. Si vous cassez les poignets pendant la frappe, le crayon va s'enfoncer, donnant un signal d'alerte !

La trajectoire de l'élan

Si vous avez du mal à avoir des roulés droits c'est peut-être que le bâton est trop loin en dedans ou en dehors de la ligne.

Si le bâton est extérieur à la ligne (dessin du milieu), vous risquez de couper la balle, ce qui entraîne un effet latéral et donne une balle hors trajectoire.

De même, si le roulé est trop intérieur (dessin de gauche), vous terminerez trop à droite.

Placez une balle contre un mur. Prenez position de façon à ce que vos yeux soient sur la balle et votre tête contre le mur. Faites un coup égal, la tête du fer droit parallèle au bas du mur. Cet exercice vous aidera à acquérir une trajectoire correcte en mo en descente.

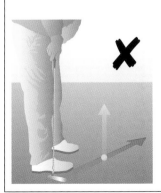

Pour un coup sans à-coups

Les golfeurs amateurs qui traînent des pieds pour aller
s'entraîner sur le vert d'exercice, semblent ignorer que posséder
un bon coup roulé ferait d'eux d'excellents joueurs.
Voici 4 exercices qui vous aideront à travailler votre frappe –
la base, en fait.

La poussée main droite

Pour vous aider à contrôler le fer droit et
le chemin de l'élan, essayez cet exercice.
Trouvez un endroit plat pour un roulé
de 1 m environ. Lorsque vous vous
mettez en position, placez la face du
bâton perpendiculaire par rapport au
bout des pieds, le corps aligné parallèle
à la ligne de jeu. Au lieu de faire votre
montée habituelle, poussez fermement
la balle dans le trou. Si elle roule au
centre du trou et y tombe, votre
alignement est bon et le chemin de l'élan
est correct. Si vous êtes trop à gauche,
c'est que votre main gauche est trop
directrice. Si vous êtes trop à droite, c'est
votre poussée qui n'est pas bonne. En
travaillant ces techniques de base, vous
parviendrez à résoudre ces difficultés.

Avec une seule main

Pour que l'accélération pendant la
frappe du roulé se fasse de façon fluide
et coulée, n'hésitez pas à passer
20 minutes sur le vert d'entraînement à
vous entraîner à faire des roulés avec
une seule main en ayant une prise basse.
Mettez l'autre main derrière le dos,
de manière qu'elle n'ait aucune
influence. Ne serrez pas trop le bâton
et concentrez-vous sur l'accélération
de votre élan, ce qui permet à la tête
du fer droit d'être sur la balle.
Vous ferez des progrès rapides.

Avec une balle entre les poignets

Si vous avez des problèmes avec la longueur,
c'est peut-être parce que vous donnez trop de poignet
durant la frappe. Pour combattre ce défaut, essayez
cet exercice. Mettez-vous en position devant la balle
et placez une autre balle entre vos poignets, au bout de
la poignée. Faites des roulés en gardant la balle bien
en place, il ne faut pas qu'elle tombe. Il ne peut
alors y avoir de mouvement de poignets inconsidéré ;
cet exercice vous aidera à conserver les poignets bien
en place au moment de la frappe.

Avec une bouteille vide

Avoir le corps et les bras liés est la clé d'un coup roulé
réussi. Si les épaules et les bras ne sont pas synchrones,
votre frappe risque d'être saccadée et faible.

Coincez une bouteille vide sous le bras gauche.
Placez-vous en position et faites quelques roulés.
Lorsque le bâton démarre pour l'élan, vérifiez que
la bouteille est bien en place. Votre frappe doit être
en ligne ; la bouteille tombera si le bâton est trop
à l'intérieur ou à l'extérieur de la ligne.
Ne vous bloquez pas à l'impact, il est vital d'avoir
un cadre solide pour construire une bonne technique.

Pour un bon entraînement

- Sur le vert d'entraînement jouez
avec les balles que vous utilisez sur
le parcours.

- Relâchez le dos avant de jouer un roulé,
sinon il sera vite douloureux.

- Ne vous entraînez que sur des roulés
droits, pour gommer l'influence des pentes.

- Arrêtez l'entraînement avant d'en avoir
assez ; ne vous forcez pas, vous n'en
retireriez aucun bénéfice.

PRÉPARATION DU COUP ROULÉ

La façon dont vous allez appréhender un roulé vous permettra de connaître ou pas d'excellents résultats sur les verts. La confiance en vous ne pourra que croître lorsque vous aurez acquis de bonnes habitudes, respecterez l'étiquette et posséderez les techniques adéquates. Un coup roulé réussi impressionne l'adversaire.

Préparer l'arrivée

Dès que vous arrivez en vue du vert, il vous faut apprendre à lire le terrain avec précision. En approchant, regardez bien le vert et observez son sens et les ruptures de pentes. Vous serez mieux préparé et vous jouerez plus vite à votre tour si vous avez pris soin de lire le roulé pendant que votre adversaire joue.

Bien marquer la balle

Beaucoup de golfeurs ne marquent pas bien leur balle. Lorsque vous l'avez levée (pour ne pas gêner un golfeur), prenez le temps de la nettoyer – un peu de boue peut la faire dévier, et vous risquez de perdre le trou. Placez toujours la marque derrière la balle – et non entre la balle et le trou. Si vous placez la marque devant la balle, un adversaire peut croire que vous avez essayé de gagner quelques centimètres en replaçant la balle. Si vous faites une marque devant votre balle, vous aurez peut-être à jouer au-dessus de cette dernière. Avant de replacer la balle, nettoyez-la encore une fois. Cela permettra une meilleure frappe et elle roulera mieux.

Nettoyer la balle avant de jouer permet un meilleur roulement de celle-ci.

Si elle gêne un autre joueur devant le trou, faites toujours une marque derrière la balle.

À l'arrivée sur le vert

- Lisez le roulé en avançant vers le vert.

- Regardez s'il y a des marques d'impact à relever.

- Marquez et nettoyez la balle.

- Replacez la balle, préparez-vous à exécuter le roulé, et jouez.

Lecture du roulé

Bien lire le roulé est essentiel pour acquérir une technique régulière. De nombreux golfeurs perdent du temps à cause d'une mauvaise préparation. Lorsque vous pensez avoir bien tout regardé, jouez ; une seconde lecture ne vous apportera que trouble et hésitation. Vos partenaires et adversaires risquent de s'impatienter si vous passez trop de temps à observer le vert, aussi prenez des habitudes rapides dans la lecture des verts.

Relever les marques d'impact

Entretenir le parcours fait partie des devoirs du golfeur. Cela implique de replacer les mottes de gazon sur l'allée, mais également de relever les marques d'impact de balle sur le vert. On peut penser que laisser une marque d'impact en l'état n'est pas très grave, mais si chacun réagit de la sorte, la qualité des verts va baisser rapidement et vos roulés deviendront moins bons à cause de la surface bosselée du terrain.

Relever les marques d'impact est de la responsabilité de chacun sur le parcours.

Le mot juste

Marque d'impact Marque faite par une balle lorsqu'elle arrive sur le vert. Suivant la souplesse et le type du gazon, la marque laissée sera plus ou moins visible. Elle doit être impérativement réparée (relevée), égalisée par les joueurs.

Bon à savoir

Si vous jouez un roulé en dehors du vert, vous pouvez faire enlever le drapeau. Beaucoup de golfeurs préfèrent qu'il soit enlevé, pensant augmenter leurs chances de rentrer la balle. C'est inexact. Le roi du roulé Dave Pelz a passé des heures à faire rouler des centaines de balles vers un trou avec le drapeau dedans ou dehors. Il est arrivé à la conclusion que les possibilités de rentrer la balle sont plus fortes lorsque le drapeau est dans le trou.

Règles et étiquette sur le vert

C'est en respectant un ensemble de règles établies et grâce à une étiquette acceptée que les golfeurs peuvent s'adonner à leur passion en toute sérénité. Sur un vert, comme partout sur le parcours, les règles de savoir jouer – de savoir-vivre tout simplement – doivent être respectées pour que ce sport reste un plaisir.

Les règles

Il est possible de réparer les marques d'impact de balle, mais pas les marques de chaussures

Avant de jouer un roulé, on peut relever toutes les marques d'impact se trouvant sur le vert, mais vous n'êtes pas autorisé à faire la même chose avec les clous des chaussures. Si, avant de jouer, vous réparez une marque faite par autre chose qu'une balle, vous risquez de perdre le trou en partie par trous et de prendre 2 points de pénalité en partie par coups. Pour effectuer une réparation, vous devez déjà être sur le vert, cela n'est pas possible lorsque le golfeur joue du bord du vert.

Ne pas toucher le drapeau

Si vous êtes sur le vert, vous risquez de prendre 2 points de pénalité si votre balle touche le drapeau avant qu'il ait été enlevé (règle 17-3). Vérifiez que l'un de vos partenaires tient le drapeau ou l'a déjà enlevé. Vous pouvez alors jouer le roulé à condition de ne pas toucher le drapeau.

Si vous touchez la balle de votre adversaire avec votre balle

Si votre balle gêne votre adversaire, vous pouvez la marquer (avec une pièce de monnaie, par exemple) pour lui permettre de jouer. Lorsqu'il a joué, vous devez replacer votre balle dans sa position première ou au plus près. Si vous touchez la balle de votre adversaire, celle-ci devra être replacée au même endroit; vous jouez votre balle là où elle est arrivée. Pas de pénalité dans ce cas.

Sur votre ligne de jeu, vous ne pouvez relever que les marques d'impact de balle.

Si vous tapez la balle de votre adversaire, vous avez une chance de finir plus vite le trou

L'étiquette

Où se placer ?

Ne vous mettez jamais derrière un partenaire ou un adversaire qui est en train de jouer un roulé. Non seulement c'est très agaçant pour la personne qui est en train de jouer, mais c'est également injuste car cela le gêne et, enfin, vous enfreignez les règles du golf.

Lorsque votre partenaire ou votre adversaire est en train de jouer un roulé, ne vous mettez jamais dans sa ligne de jeu : c'est interdit par les règles.

Comment se déplacer près d'un vert ?

Une seule règle : ne jamais marcher sur la ligne de jeu d'un joueur en train de jouer un roulé. Si vous êtes en train de taper une balle près de celle-ci, vérifiez bien que vous ne marchez pas sur sa ligne de roulé pour ne pas laisser de marques. Aujourd'hui, cet élément de l'étiquette est moins d'actualité, car les chaussures de golf ont des clous en plastique qui ne laissent pratiquement pas de marques sur le vert. Mais cela reste important à respecter, car marcher à travers la ligne de jeu d'un autre golfeur est un manque de respect de l'étiquette.

L'ombre portée

Attention à ce que votre ombre ne gêne pas votre partenaire en train de jouer pour le trou. Cela risque de se produire tôt le matin ou en fin d'après-midi lorsque le soleil est bas. Si votre ombre est dans le prolongement de la ligne de jeu de votre partenaire, il peut être perturbé et mal juger la distance.

Proposez de tenir le drapeau à votre partenaire ou à votre adversaire.

Quand tenir le drapeau ?

Ne proposez de tenir le drapeau pour un partenaire ou un adversaire qu'au bon moment ; par exemple, lorsqu'il joue un long roulé et qu'il ne peut pas voir facilement le trou. De nombreux golfeurs préfèrent que le drapeau soit enlevé, ce que vous devez alors faire.

La séquence préparatoire

Le coup roulé exige que l'on ait une bonne séquence préparatoire. Si vous avez acquis les bons gestes, votre technique sera meilleure et la pression se fera moins forte.

Le cerveau et les mains travailleront mieux ensemble s'ils réagissent à une situation qu'ils connaissent plutôt que s'ils doivent penser à tous les gestes à effectuer séparément. En effet, les gestes de la séquence préparatoire sont toujours les mêmes. C'est justement cette répétition qui permet des roulés plus sûrs ; votre cerveau va s'habituer à améliorer l'accélération et la trajectoire ; vos gestes deviendront quasi automatiques.

Un partage du temps équilibré

Il faut que les gestes répétitifs à accomplir aient toujours la même durée, de la vision d'ensemble à la frappe. Tiger Woods, par exemple, joue chaque coup roulé avec la même concentration, en ayant les mêmes gestes quelle que soit la situation, que ce soit pour s'imposer dans le tour éliminatoire d'un tournoi majeur ou pour un roulé de 1 m sur le premier trou d'une rencontre amicale. Souvent, les amateurs prennent trop peu de temps pour des roulés simples, mais beaucoup trop sur des roulés difficiles. Apprenez à être constant et vous deviendrez un as du roulé. De plus, cela vous aidera à gérer le stress.

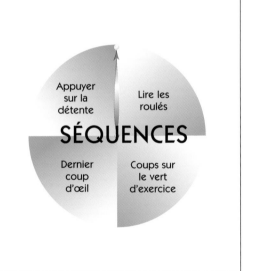

Appuyer sur la détente

Lire les roulés

SÉQUENCES

Dernier coup d'œil

Coups sur le vert d'exercice

Lire le roulé

Ayez une vue d'ensemble lorsque vous arrivez sur le vert. Ensuite, accroupissez-vous derrière la balle et essayez de visualiser la trajectoire que vous voulez faire prendre à la balle. Imaginez son roulement et essayez de sentir le poids de la balle et la vitesse acquise qui seront nécessaires par rapport à la distance à parcourir.

Répétitions

En approchant de la balle, effectuez plusieurs mouvements doux pour sentir que la tête du fer droit est bien en place. C'est une répétition des sensations avant le coup proprement dit. Vous avez déjà récupéré des informations concernant la distance et la direction. Maintenant, c'est avec les mains que vous allez jouer.

La bonne approche

Ne vous placez pas directement derrière la balle – à moins que celle-ci soit très proche du trou. Marchez le long de la ligne de roulé. Arrivez sur la balle en ayant un bon angle de vue. Cela vous donnera la meilleure approche du coup roulé.

L'entraînement

À l'entraînement, tapez en regardant le trou. Placez-vous au-dessus de la balle, regardez le trou et faites deux ou trois coups à vide, en gardant les yeux sur la cible. Effectuez des coups longs et fluides – assez longs pour être sûr que la balle atteigne le trou. Cela doit devenir le coup que vous ferez lorsque vous jouerez sur un parcours.

Appuyer sur la détente

Placez le fer droit derrière la balle et positionnez-le au départ. Regardez une fois le trou, puis tournez la tête et regardez la balle. Démarrez le mouvement de frappe. Arrêtez le mouvement de descente une fraction de seconde avant l'impact. Ne restez pas bloqué sur le coup. Croyez dans votre préparation et frappez la balle avec confiance.

LE ROULÉ COURT

Si vous parvenez, non pas une fois de temps en temps, mais avec une belle régularité à faire des roulés de 3 m, vous réduirez votre handicap par six. Non seulement rater des petits roulés se paie tout de suite, mais l'échec ajoute une pression supplémentaire sur le petit jeu. Voici quelques techniques et exercices qui vous permettront de faire disparaître tous ces problèmes.

Le coup classique

1 Les fondamentaux sont les mêmes pour un roulé court que pour un long. Le fer droit se tient de la même façon et on prend position de la même manière – tout changement qui augmenterait les risques de manquer le coup est à proscrire. Toutefois, l'approche est différente. Pour 90 % des roulés courts, vous ne devez pas viser derrière le trou.

2 Maintenez le rythme et le tempo pour réaliser un coup assuré et une frappe nette – l'accélération donnée au bâton doit être la même que pour un long roulé. La différence tient dans la longueur de la montée – qui doit être beaucoup plus courte. Ayez un mouvement de montée et de descente identique à celui d'une pendule comtoise.

3 Comme précédemment, accélérez sur la balle. Pour un roulé court, c'est essentiel car plus vous aurez d'appréhension, plus vous augmenterez la pression. Ne raccourcissez surtout pas la montée et la fin du geste.

Réaliser un coup efficace

Pour vous aider à réaliser des coups efficaces, essayez d'oublier la balle et ne pensez qu'à la tête du bâton. Gardez les yeux sur le bâton à la montée, n'ayez que cela à l'esprit. Visualisez le trou « recouvert » par la tête du fer droit. Cela vous oblige à conserver la ligne du roulé. En utilisant cette technique, il est difficile de rater un coup roulé.

Écoutez la balle tomber

Sur les roulés courts, on a trop tendance à relever très vite la tête. Essayez de ne pas regarder la balle jusqu'à ce que vous l'entendiez tomber… dans le trou. Nick Faldo utilisait beaucoup cette méthode ; même sur le dernier coup roulé lors de la finale d'un grand tournoi, il ne regarda pas la balle. En laissant le temps à la balle de rouler, vous ne bougerez pas trop vite la tête.

Un tiers, deux tiers

Plus le coup est ferme, moins vous avez de risque d'être court. Si vous tapez des roulés courts bien solides, vous pourrez viser directement derrière le trou.
Pour réussir cela, faites votre demi-prise d'élan aussi longue que votre prolonger.

Prenez position et plantez un té à environ 5 cm derrière la balle. Le mouvement de l'élan avec le bâton doit être suffisamment loin en arrière pour frapper le té, mais pas plus. Cela va vous obliger à accélérer au moment de l'impact.

Prise d'élan courte et longue finition.

Dominer les gestes incontrôlés

L'apparition soudaine de gestes que le golfeur ne parvient pas à contrôler peut devenir un vrai problème sur un parcours. Cela peut arriver à n'importe qui, quel que soit son niveau. Si vous n'avez jamais entendu parler de cela avant, vous avez de la chance. Face à un roulé court, le golfeur ne parvient plus à contrôler ses mouvements de poignets et il rate son coup.

Solutions sur le parcours

Bernhard Langer s'est trouvé face à ces ennuis à trois reprises. Il est parvenu à s'en débarrasser en s'entraînant très dur sur le vert ; pour compenser, il a également compté sur son grand jeu. Mais le changement le plus radical qu'il ait tenté – et que vous pouvez mettre en pratique – a été de changer de prise. Quelle qu'elle soit, essayez une prise très différente qui fera travailler d'autres muscles – ça peut marcher à court terme et être une solution à long terme.

Le mot juste

Les gestes incontrôlés

Le golfeur devient quasiment infirme. Cela peut réduire un champion au niveau d'un handicap plus que médiocre. Les roulés courts paraissent énormes, entraînant un petit coup ou geste involontaires sur la balle. La communication entre le cerveau et les mains ne passe plus, laissant le golfeur très démuni et, dans des cas extrêmes, incapable même de tenir le bâton.

Les gestes incontrôlés peuvent devenir un tel problème que vous pouvez en arriver à détester le golf.

Solutions à long terme

Vous allez devoir passer de nombreuses heures sur le vert d'entraînement. Ces trois exercices vont vous aider.

Se concentrer sur la ligne

Focalisez-vous sur la ligne et pensez plus à la distance plus qu'à la technique. À l'entraînement, ne regardez pas la tête du fer droit, mais le trou. Lorsque vous jouerez, au moment de la frappe, gardez les yeux fixés à l'endroit exact où la balle est en contact avec la tête du fer droit.

Le succès se fait entendre

Pour vous aider à combattre ces mouvements, évitez le genre d'entraînement où la pression monte, comme essayer de faire 100 roulés courts à la file – vous n'êtes pas là pour vous punir. Faites des roulés courts les yeux fermés, pour avoir le plaisir d'entendre la balle tomber au fond du trou. Vous ne verrez pas le moment de l'impact, ce qui vous donnera plus confiance.

Soyez simple

Il n'existe que deux façons de faire avec un coup roulé. Soit il rentre, soit vous avez perdu. Essayez de conserver une traversée de la balle simple. Entre vous et le trou, matérialisez un point de visée avec un té ou une pièce de monnaie posés sur le sol ; analysez les trajectoires et tirez-en les conséquences.

Petite histoire

Beaucoup parmi les plus grands golfeurs ont vécu ce problème qui peut devenir épineux. Des chercheurs américains se sont intéressés à ce qui peut, parfois même, s'apparenter à une maladie. Ils s'accordent à penser que c'est un mélange de trop forte tension et de problèmes psychologiques. Une chose est sûre ; s'ils exigent un gros travail sur le vert d'entraînement, ces gestes peuvent être vaincus.

S'entraîner aux roulés courts

Comme pour tous les autres compartiments du jeu,
un entraînement sérieux et l'acquisition de la régularité
dans le domaine des coups roulés vous feront progresser
et baisser votre handicap. Voici plusieurs moyens qui
vous aideront à réussir sans problème des roulés de 3 m.

La boussole

Placez quatre balles à 1 m du trou
aux quatre points cardinaux, et
rentrez chaque roulé. Lorsque vous
y êtes parvenu, mettez les balles
à 1,8 m du trou. Recommencez
le même exercice. Si vous en ratez
une, recommencez avec toutes
les balles jusqu'à ce que vous ayez
rentré les quatre balles à la suite.

Essayez de reculer chaque fois
les balles par rapport au trou,
en améliorant vos résultats.
Cet exercice est excellent parce
que vous devez taper quatre coups
différents qui sont à la même
distance du roulé – ce n'est pas
si souvent que vous pouvez faire
des roulés courts complètement
droits.

Un té au bord du trou

Pour acquérir une bonne frappe sur les petites longueurs,
à l'entraînement, faites des roulés droits de 1,8 m ; placez
un té juste derrière le trou, cherchez à frapper le té
à l'arrière du trou, et non pas par l'avant. Choisissez
un point bien précis et exécutez le coup. Si vous le ratez,
la balle peut malgré tout rentrer. Sur un parcours, mettez
en pratique cette technique en imaginant un té placé
juste sur le bord du trou, ou choisissez une marque
quelconque, un peu d'herbe, par exemple.

La balle de tennis

Une méthode intéressante pour acquérir rapidement les bonnes sensations concernant la longueur est de s'entraîner au coup roulé avec une balle de tennis. Pour rentrer un roulé de 3 m avec une balle de tennis, vous devez frapper le milieu de la balle et la faire rentrer au centre du trou. Maintenant, jouez avec une balle de golf – le trou va vous paraître grand et la balle toute petite, les roulés courts vous paraîtront plus faciles à rentrer. Entraînez-vous 10 minutes avant de démarrer un parcours pour garder en mémoire l'idée d'un trou beaucoup plus grand qu'il n'est en réalité.

L'exercice du manche

Si vos roulés courts sont toujours un peu trop courts ou un peu trop longs, mais jamais comme il faut, c'est que vous ne frappez pas la balle de façon assez positive. Souvenez-vous que quand
la balle perd de l'énergie, elle est plus sensible aux changements de trajectoire. Plus la frappe est assurée, moins vous aurez à vous inquiéter de la pente. Placez un bâton devant le trou, puis tapez trois roulés courts sur ce bâton. Vous devez réaliser une frappe assurée pour passer par-dessus le manche du bâton.

Faire 100 roulés

Gérer et dominer la pression est une des clés pour des roulés courts réguliers et réussis. Une façon efficace, bien que prenant beaucoup de temps, est de s'entraîner à rentrer 100 roulés courts à la suite. Dès que vous en ratez un, vous devez repartir à zéro. Démarrez avec des roulés inratables – tout près du trou – cela vous donnera confiance en vous, puis reculez peu à peu.

Le mental du roulé court

Nous voulons rentrer tous les roulés courts – nous *pouvons* rentrer tous les roulés courts. Mais la crainte de ne pas y parvenir est très forte. Le problème avec les roulés courts est uniquement dans la tête. Voici quelques moyens et aides simples pour vous aider à faire baisser la pression.

Avant le parcours

Acquérez plus confiance en vous en vous entraînant, avant une partie, sur le vert d'exercice, mais utilisez ce temps de façon constructive et non pas en vous disant que vous avez 20 minutes à perdre avant de démarrer le premier té.

Prenez trois balles et faites des roulés courts. Rentrez chaque balle depuis la distance choisie.

Concentrez-vous sur les sensations de la balle frappant l'arrière du trou et sur son centrage avec le bâton. Après les trois balles, reculez de 1,8 m. Revenez à une longueur plus courte après avoir fait la série et faites trois trous avant de prendre le départ.

En partie par trous, jouez comme en partie par coups

Lorsque vous jouez une partie par coups, vous devez finir chaque trou. En partie par trous, votre adversaire peut vous accorder des roulés courts qui sont, en théorie, impossibles de rater. La tactique veut que votre adversaire ne vous donne pas tous les trous que vous auriez souhaités. Aussi, en partie par trous, jouez le parcours comme en partie par coups en espérant ne pas avoir à caler la balle. Si vous pensez qu'un roulé devrait être donné quand il est impossible à perdre – quelle importance que vous caliez la balle ou pas ?

Tapez des roulés courts pour augmenter pratique et préparation ; de plus, votre confiance grandira.

Le mot juste

Donner un roulé En partie par trous, lorsqu'une balle est si près du trou qu'il est pratiquement impossible de ne pas la rentrer, votre adversaire peut vous «donner» le roulé. Donner ou ne pas donner un roulé peut être une stratégie.

Une démarche positive

Si êtes plein d'appréhension à l'idée de faire un roulé court, votre attitude corporelle peut vous aider à surmonter cette anxiété. Arriver sur le coup l'esprit tendu complique les choses et aide rarement à réussir.

Pour avoir une attitude positive, marchez d'un pas ferme vers la balle, les épaules dégagées. Un petit sourire intérieur vous donnera encore plus confiance en vous. Si, extérieurement, vous semblez détendu, cela vous aidera à l'être vraiment intérieurement.

Apporter toujours le même soin

Bien souvent les golfeurs amateurs n'ont pas la même approche et ne jouent pas de la même façon lorsqu'ils se trouvent face à un roulé court. Pourtant, ce genre de coup exige la même attention et le même soin qu'un roulé long, ni plus ni moins. Traitez-le comme un roulé normal et faites tous vos gestes habituels de préparation.

À ne pas oublier

- Ayez une frappe ferme, pour minimiser la déviation de la balle.

- Fixez votre regard sur le trou.

- Votre prolonger doit être deux fois plus long que votre prise d'élan.

- Accélérez sur la balle.

- Écoutez le bruit de la balle tombant dans le trou.

- Soyez positif dans votre façon de jouer et de penser le jeu.

LE ROULÉ LONG

Bien rouler la balle sur les longues distances vous permettra de récupérer une approche qui n'était pas aussi correcte que vous l'auriez souhaité. Pour réussir un bon résultat sur un parcours, il est impératif d'éviter les « trois roulés » – plus souvent dus à des coups roulés faits sans attention plutôt qu'à des verts traîtres (trop souvent accusés !). Des roulés réguliers en deux coups augmentent l'intérêt d'un parcours et libèrent l'esprit.

Le coup classique

1 La technique pour les roulés longs est la même que celle des autres coups roulés. Posséder les mécanismes permettant de réaliser un coup franc et régulier est très important pour avoir un bon contact et une balle qui roule parfaitement. Alignez-vous bien sur la ligne de visée. Vous allez frapper un coup plus fort ; avoir la bonne posture vous permettra de rester stable.

2 Pour les roulés longs, la seule différence dans le coup est dans la longueur de la prise d'élan. Contrôlez la longueur du coup grâce à la montée du bâton – plus le roulé est long, plus le bâton doit partir en arrière. Il faut que vous gardiez le rythme quelle que soit la distance, c'est-à-dire que vous accélériez à l'impact.

3 La longueur de la traversée de la balle doit être égale à la longueur de la prise d'élan. Cela implique une accélération sur la balle et que vous gardiez le même rythme à la fin du mouvement. Ayez une trajectoire descendante sur la ligne de roulé, laissez la tête du fer droit suivre la ligne de la balle pendant quelques secondes après l'impact.

Les derniers mètres du roulé

Vous avez sans doute déjà vu des golfeurs passer des heures à lire un long roulé, étudiant tout le parcours de la balle sur sa course et, au final, faire une erreur car ils se sont concentrés sur le mauvais aspect du coup. Le succès de roulés longs réside dans une bonne appréciation de la distance, un jugement et un contrôle corrects.

Les quatre premiers mètres n'ont que peu d'influence sur la trajectoire finale. Pour une bonne lecture, regardez les trois derniers mètres du roulé, là où la vitesse et les ruptures de pente sont les plus sensibles.

Chaque roulé est droit

Lorsque vous êtes en place, choisissez un endroit entre le trou et la balle, et alignez tout sur ce point, comme si vous vouliez faire un roulé droit. Chassez de votre esprit le changement de trajectoire et concentrez-vous sur un roulé droit.

Exercice du tonneau

Lorsque vous vous entraînez aux longs roulés, imaginez un tonneau rempli d'eau placé juste sous le drapeau – celui-ci étant au milieu. Visez pour que la balle tombe dans le tonneau. Ce cercle doit être la zone à ne pas rater. Si la balle était dans le cercle, vous n'auriez plus qu'à faire un petit coup pour sauver la normale.

Problèmes des roulés longs et solutions

Un coup roulé franc et solide a plus de chance de rentrer et vous évitera les « trois roulés ». La difficulté provient d'une mauvaise appréciation de la distance et d'une lecture erronée de la fin de trajectoire. Voici quelques trucs pour avoir un meilleur contrôle sur la balle.

Erreurs courantes

Une bonne appréciation de l'accélération et de la direction de la balle est parfois suivie d'une mauvaise trajectoire due à un mauvais coup – la balle est mal centrée, ce qui fait croire à un jugement erroné de la trajectoire. La cause est souvent due à une erreur très répandue : un mouvement excessif du bas du corps lorsque le coup est plus long.

Solution : regarder la pièce de monnaie

Pour éviter les mouvements du bas du corps, gardez la tête penchée. C'est une très mauvaise idée pour un élan, mais c'est bon pour le roulé.

À l'entraînement, placez une pièce de monnaie sous la balle et jouez un roulé. Quand la balle part, continuez à regarder la pièce de monnaie, mais pas la balle. Grâce à un bon entraînement, cela deviendra plus facile. Sur un parcours, vous ne pouvez bien évidemment pas placer une pièce de monnaie sous la balle, mais ayez cet exercice en tête pour penser à garder la tête baissée !

Difficulté d'évaluation

Vous est-il déjà arrivé d'être incapable d'évaluer la distance qui vous séparait d'un trou ? Vous voyez la balle et le trou, mais vous ne pouvez dire avec précision la distance qui les sépare.

La couleur du vert est uniforme, le ciel est gris, les éléments se confondent et manquent de relief ; vous avez du mal à juger et à jauger le coup.

Solution : tenir le drapeau

Le problème étant le manque de détails vous permettant d'avoir une idée juste de la distance, la réponse sera de demander à un partenaire ou un adversaire de tenir le drapeau. Vous pourrez ainsi plus facilement faire une « mise au point » sur la distance et mieux la juger.

Une frappe mesurée

Sur les distances un peu longues, il est tentant de faire des putts plus forts. Vous brûlez d'impatience de rentrer la balle et vous savez que vous avez besoin de plus de puissance pour le coup. Mais cela peut entraîner une perte de tempo et un coup trop saccadé.

Solution : lever le club

Pour vous permettre de jouer plus calmement, soulevez le putter quand vous êtes à l'adresse.

À l'entraînement, mettez-vous normalement à l'adresse, pas trop serré, soulevez-le un tout petit peu avant d'exécuter le coup. Cette position va vous aider à frapper la balle moins fort et à avoir un geste plus doux.

S'entraîner aux roulés longs

S'entraîner aux roulés longs peut s'avérer une tâche
ingrate ; la plupart de ces coups ne rentrent pas.
Vous devez travailler dur cette partie du jeu ;
des exercices spécifiques amélioreront votre technique
et balaieront cette sensation récurrente de manque
de chance et d'échecs sans fin que vous pouvez
parfois éprouver.

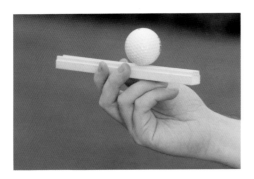

L'exercice du tube

Pour vous aider à lutter contre les
mouvements excessifs du bas du corps.
Vous avez besoin d'un morceau de
plastique ou d'un tube d'environ 20 cm
dans lequel vous aurez creusé un sillon
sur une des faces. Lorsque vous vous
mettez en position, placez le tube entre
les genoux et posez une balle sur
le tube.

Concentrez-vous sur la balle placée
sur le tube. Si vous faites de trop grands
mouvements, elle va glisser ou tomber.
Mais si votre corps demeure stable,
la balle bougera un peu, mais restera
en place.

Compter comme Tiger Woods

Une des statistiques dont Tiger Woods
se souvient est le nombre de trous
consécutifs qu'il a rentré en moins
de trois roulés. Le fait d'avoir cela
en mémoire n'a pu qu'augmenter sa
confiance. Vrai ou pas, il affirme avoir
joué 200 trous d'affilée sans faire un seul
trois roulés. Il est persuadé que c'est
un élément qui l'a libéré, augmentant
sa finesse de jeu et améliorant
sa concentration.

Ne pas toujours jouer vers un trou

À l'entraînement, pour acquérir plus
de confiance en vous et éviter cette
sensation désastreuse d'échec, ne
cherchez pas à toujours faire des trous.
Tapez vers un té planté sur le vert
d'entraînement ou une serviette de bain
posée sur le sol. Passer de l'un à l'autre,
rompt la lassitude des gestes répétitifs
et vous oblige à vous concentrer sur
les sensations. Passer d'une cible peu
marquée à une cible précise aide à varier
son jeu et à améliorer le toucher.
Vous ne cherchez pas à rentrer le coup,
donc vous n'en ratez pas ! – vous verrez
que votre technique et votre toucher
seront meilleurs.

La porte d'entrée

Pour améliorer la frappe, lorsque vous êtes
en position, piquez deux tés de chaque
côté de la balle – ils formeront comme un
portail à travers lequel vous taperez
la balle. En faisant quelques coups roulés,
vérifiez que vous tapez fermement l'arrière
des tés. Être sur la balle et les tés en même
temps permet à la tête du fer droit d'être au
maximum du contact. Pour avoir le bas
du corps le plus immobile possible, gardez
les yeux sur les tés même après la frappe.

Ne pensez pas trop !

Être trop tendu au moment de faire
un long roulé peut entraîner des
problèmes. Si les distances plus longues
vous inquiètent, videz-vous l'esprit et
essayez de ne pas penser à la frappe que
vous devez faire – laissez parler votre
instinct. C'est ce que fit Justin Rose
pendant la saison 2002 – ne pas penser,
exécuter le coup seulement.

Comme une horloge comtoise

Votre mouvement d'élan doit ressembler
à un mouvement de pendule – pensez
aux anciennes pendules de grand-mère.
Ici, c'est le corps qui est la caisse. La
pendule a un mouvement de balancier,
mais la caisse ne bouge pas. Ce sont les
épaules et le fer droit qui ont un
mouvement de va-et-vient ; le reste
du corps reste immobile et stable.

Le mental des roulés longs

Pour que votre handicap baisse, être régulier sur les longs roulés est une très bonne chose. Si vous ne parvenez pas à rentrer facilement les seconds roulés, la balle aura peu de chance de tomber. C'est un cercle vicieux : moins on réussit de long roulés et moins on a confiance. Ces exercices devraient vous aider à rentrer des longs roulés parfaits.

Avant le parcours

S'entraîner sur le terrain d'exercice pour travailler la vitesse des verts vous fera faire des progrès conséquents. Prenez trois balles, posez-les sur le vert et faites un roulé de 6 m, sans chercher à le rentrer. Essayez de frapper la première balle avec la deuxième et la troisième balles, en ne travaillant que sur la vitesse du coup.

Lorsque vous avez fait les trois coups, recommencez l'exercice. Vous devez rapidement gagner en sensation. Avant de démarrer une partie, rentrez trois roulés courts pour vous donner confiance.

Bien s'échauffer vous donnera les bonnes sensations et vous permettra de descendre sous les trois roulés.

Vous êtes un artiste

Les longs roulés vous permettent d'exprimer le côté artistique de votre jeu ! Dégustez et prenez du plaisir à développer et mettre en place un toucher précis. Toute la réussite d'un coup roulé repose sur l'interprétation des trajectoires et n'est absolument pas mécanique. Essayez de vivre et de respirer le coup ; fermez les yeux pour imaginer la balle roulant avec précision et tombant dans le trou. Devenez créatif ; laissez-vous aller lorsque vous travaillez vos frappes.

Psychologie de base

Si je vous dis de ne pas penser à un éléphant rose que va-t-il se passer ? L'image d'un éléphant rose va s'imprimer dans votre cerveau. Le fait de parler de quelque chose en disant à la personne ou à soi-même de ne pas y penser produit l'effet inverse.

De la même façon, lorsque vous êtes face à un long coup roulé, éliminez les pensées négatives de votre esprit. Se répéter : « Il ne faut pas que je fasse de trois roulés » est la meilleure façon de faire un trois roulés, la pensée négative a pris toute la place dans votre esprit.

Aussi, au lieu de penser à tout ce que vous ne voulez pas faire – et que vous allez immanquablement faire… –, utilisez l'autopersuasion pour voir tout ce qui va bien. En pensant de manière positive, vous *agirez* de façon positive et vous obtiendrez de meilleurs résultats.

Encouragez-vous en vous persuadant que vous allez arriver à un bon résultat.

Rentrer chaque roulé

À la fin des années 1990, chez les femmes, le golf fut dominé par de talentueuses golfeuses scandinaves, comme Annika Sorenstam. La caractéristique principale de leur jeu était une attitude positive et offensive. Leurs entraîneurs les encourageaient à ignorer les deux roulés et à essayer de rentrer chaque coup roulé. Servez-vous de cette vision du golf pour votre propre jeu.

À ne pas oublier

- Privilégiez la distance par rapport à la direction.

- Contrôlez la longueur du coup roulé grâce à une bonne montée.

- Variez les cibles.

- Ayez une attitude positive.

AMÉLIORER LE TOUCHER

À l'arrivée sur un vert, vous pouvez être surpris par le fait qu'il soit plus ou moins rapide ou lent et cela peut vous coûter des points. Étudiez soigneusement tous les indices qu'il est possible d'observer sur chaque trou ; sur un 18 trous, chacun aura ses caractéristiques.

Jauger le vert

De nombreux pièges vous attendent sur un parcours de golf. On dirait que les architectes ont utilisé le terrain pour essayer de vous faire prendre les mauvaises décisions ! C'est particulièrement vrai sur les verts. Vous pensez qu'il est plat ? Prenez quelques secondes pour le regarder de près. Un vert plat n'existe pas, il y a toujours de la pente. Des indices permettent de déceler les difficultés auxquelles vous allez être confronté.

Observer les indices

● **La couleur du vert** Un gazon brillant sera plus rapide qu'un gazon sombre.

● **Plaques sans herbe** Sèches, elles créent des roulés rapides ; ce sera l'inverse lorsqu'elles sont pleines d'eau.

● **Arbres près du vert** Leur présence entraîne souvent la formation de plaques où le gazon est moins dense. Lorsque des arbres surplombent le vert, il peut y avoir des zones humides à cause de l'ombre.

Étudier la vitesse de roulement dans les différentes zones du vert est essentiel pour réaliser un bon roulé.

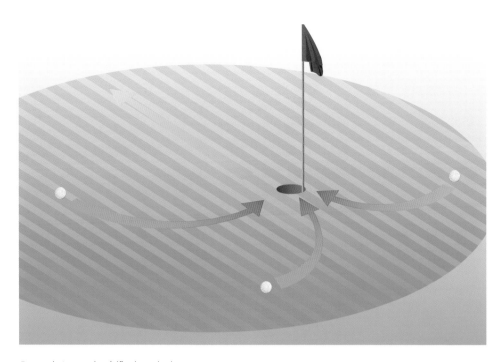

Prenez le temps de vérifier le grain du gazon.
Les flèches rouges indiquent la direction de la balle.

Identifier le grain du vert

Connaître le grain du gazon sur chaque vert, c'est-à-dire savoir dans quel sens il pousse et se recourbe, est très important pour réussir de bons coups sur les verts. Lorsque vous examinez le grain, si le gazon paraît brillant, c'est que le grain « part » devant vous ; au contraire, si le gazon paraît mat, c'est que le grain « revient » vers vous. Le sens du grain a une grande influence sur la courbe que va prendre la balle.

Jouer dans le sens du grain

Si vous jouez dans le sens du grain, l'herbe semble très brillante ; votre balle roulera beaucoup plus vite. Si vous jouez en montée, le grain affecte fortement la vitesse de la balle.

Jouer contre le sens du grain

Si l'herbe paraît plus sombre, c'est que vous jouez contre le sens du grain ; votre roulé sera plus lent ce qui aura peu d'influence en descente, mais cela ralentira beaucoup la balle en montée.

Rouler lorsque le grain est latéral

Il faut laisser la trajectoire de la balle prendre le sens du grain lorsqu'on fait un roulé latéral au grain. La balle va alors décrire une courbe.

Le mot juste

Le grain du gazon Le sens dans lequel pousse l'herbe est appelé le grain. L'herbe pousse le plus souvent en direction du Soleil.

Les roulés en pente

Les roulés en pente peuvent ressembler, suivant les cas, au paradis ou à l'enfer ! C'est ce qui fait le « charme » d'un parcours, mais cela rend le jeu parfois extrêmement difficile. Voici quelques exercices pour apprivoiser les pentes.

Avec trois balles et deux tés

Cet exercice vous aidera pour les roulés en montée et ceux en descente. Travaillez sur le vert d'entraînement avec trois balles et deux tés.

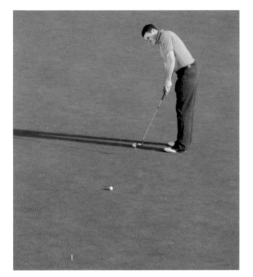

1 Placez les deux tés à une extrémité de la pente, à 4,5 m l'un de l'autre. Placez trois balles au niveau du té le plus haut et faites un roulé vers le té le plus bas. Essayez d'étudier comment le vert réagit et le roulement de la balle.

2 Récupérez les balles et faites un roulé vers le haut de la pente vers le té le plus haut. Étudiez avec attention comment chaque balle réagit à chaque roulé. En faisant ces exercices plusieurs fois, vous comprendrez à quel point la façon de jouer en montée ou en descente diffère.

Il vaut mieux que la balle soit trop longue

Regardez toujours la balle lorsqu'elle a dépassé le trou. Cela vous permettra de comprendre comment la balle se comporte, pourquoi elle n'est pas rentrée et vous aidera à la rentrer lors de votre second roulé. Un roulé trop court n'a aucune chance de rentrer ; avec un roulé un peu trop long vous vous ménagez cette possibilité. C'est le célèbre « Never up, never in ».

Roulé en pente

Si vous vous trouvez face à un roulé en descente particulièrement retors, essayez cette technique pour ajuster votre coup. À la mise en position, placez la balle à l'avant du bâton, faites un coup normal, en faisant attention à ce que la balle soit en contact avec l'avant du bâton. Cette zone est moins performante que le milieu du bâton ; aussi, quand elle entre en contact avec la balle, le transfert d'énergie est moins important. Le résultat donne une frappe plus douce. Le fait de taper la balle en douceur est une façon de contourner la difficulté. Effectuez cet exercice calmement, sinon le résultat risque d'être désastreux.

Les contre-pentes

Les roulés en montée ou en descente sont suffisamment délicats sans avoir à réaliser des roulés en dévers. Pourtant, à un moment ou à un autre, vous vous retrouverez face à ce genre de coup.

Rappelez-vous que lorsque vous jouez en montée, la gravité absorbe l'énergie cinétique de la balle. Ainsi, à la montée, celle-ci va s'arrêter plus tôt que sur le plat et aura besoin d'une frappe plus ferme pour aller jusqu'au trou.

Le coup en descente est certainement la difficulté la plus grande rencontrée sur un vert. La gravité entraîne la balle vers le bas de la pente. L'addition de l'énergie et du roulage rend délicat l'arrêt de la balle. Ne soyez pourtant pas trop timide en faisant ce coup.

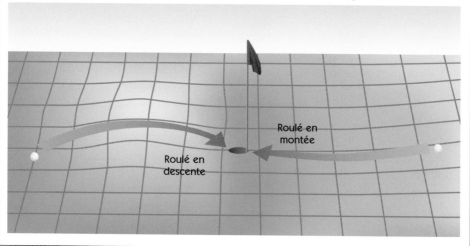

Roulé en montée

Roulé en descente

S'échauffer avant un parcours

Avant d'attaquer le premier té, après vous être assoupli et lorsque les muscles entrant en jeu dans le golf sont échauffés, voici quelques exercices qui vous aideront à progresser sur les verts. Nous vous avons expliqué comment établir la confiance pour les roulés courts ; voici quelques moyens simples pour vous aider à juger la distance et à avoir un bon toucher.

Des coups réguliers

Dans un endroit tranquille du vert d'entraînement, posez une douzaine de balles – les mêmes que celles avec lesquelles vous jouez sur le parcours. Placez les balles en ligne face à vous. Pour cet exercice, un trou ou une cible ne sont pas nécessaires. Prenez position sur la première balle et faites rouler la balle à 4 ou 5 m ; essayez de faire rouler la balle suivante un peu au-delà de la première. Continuez en faisant rouler chaque balle juste derrière le coup précédent. Au final, vous devez avoir toutes les balles sur une ligne parfaite, placées sur le vert à distance régulière les unes des autres.

Truc d'entraînement
Quel que soit l'exercice, lorsque vous vous échauffez et quand vous essayez d'augmenter votre toucher pour mieux sentir la vitesse des verts, n'hésitez pas à tester différentes sortes de roulés : en montée, en descente, de droite à gauche et de gauche à droite, etc. Sinon, vous serez incapable de juger la qualité des verts tout au long du parcours.

Garder les yeux sur le trou

Lorsque vous êtes sur le vert d'entraînement, essayez d'oublier votre coup habituel. Travaillez les sensations, la place de la balle sur le vert et les gestes habituels de la séquence préparatoire, en regardant le trou. Cela vous donnera des informations visuelles pour la frappe, vous permettra de calculer la distance et de travailler les sensations. En ayant les yeux sur la cible, prenez position en plaçant le bâton derrière la balle, regardez le trou et gardez les yeux dessus, puis observez le niveau de précision obtenu.

Changer la distance pour les longs roulés

Lorsque vous ferez cet exercice facilement vous aurez acquis de bonnes sensations concernant l'accélération du roulé sur des distances différentes. Prenez une douzaine de balles et posez-les les unes derrière les autres, à 1 m de distance entre elles, la première à environ 3 m du trou. Envoyez la balle le plus près possible du trou, en essayant de la rentrer. Cela n'a pas d'importance si vous ne réussissez pas ; mais essayez d'être au plus près. Tapez la balle suivante, en cherchant à la mettre dans le trou ou juste derrière. Continuez ainsi avec toutes les balles.

Changer de cible

Sur le vert d'entraînement, que ce soit avant un parcours ou durant un simple entraînement, variez les cibles : un trou, ou un té, ou bien une serviette posée sur le sol, ou encore une autre balle.

Difficultés de frappe – problèmes de sensations

Tous les golfeurs ont éprouvé à un moment ou à un autre la difficulté de bien juger la vitesse des verts. Nous avons chacun notre propre toucher de balle qui peut être étonnamment fin – mais, parfois, nous n'arrivons plus à faire de bons coups, à trouver la bonne sensation. Si vous avez du mal à être régulier et précis au niveau de la distance, essayez ces exercices.

Le mot juste

Élan Ce terme désigne l'ensemble du mouvement que réalise le golfeur. L'élan démarre à la mise en position jusqu'après l'impact sur la balle.

En aveugle

1 Entraînez-vous avec des roulés de 4 ou 5 m. Mettez-vous en position sur la balle et faites votre préparation habituelle, en essayant d'évaluer la longueur du coup. Juste avant de jouer, fermez les yeux ou basculez votre casquette sur le visage et jouez en aveugle.

2 Essayez de juger la distance en vous servant de vos autres sens. En supprimant la vue, vous exacerbez les autres sens. Ils vont être plus actifs, ce qui entraînera un élan plus instinctif et naturel.

3 Lorsque vous avez joué, essayez de deviner où est tombée la balle, et n'ouvrez les yeux qu'ensuite. Regardez si vous avez bien ou mal apprécié la distance, puis rejouez en aveugle. Vous serez étonné de la rapidité avec laquelle votre toucher et votre précision vont s'améliorer.

Visualiser le coup

Une mauvaise préparation entraîne des sensations et un toucher médiocres. Travailler les gestes habituels jusqu'à ce qu'ils deviennent naturels va vous aider, mais il y a mieux encore. Quand vous lisez le roulé, visualisez la balle en train de rouler et de tomber dans le trou.

Lorsque vous vous entraînez, gardez bien cette image en tête pour que le coup que vous allez frapper soit celui que vous avez visualisé.

Accomplir les gestes habituels doit devenir une seconde nature.

Lorsque vous êtes en position, regardez une dernière fois le trou et visualisez la balle en train de rouler sur le vert et de rentrer dans le trou.

Accompagner la balle

Lorsqu'on lance un objet à un ami, on ne l'envoie jamais bien loin de ce dernier ! Pourtant, au golf, beaucoup de joueurs n'évaluent pas bien les distances.

Pour un long roulé, placez-vous derrière la balle, regardez le trou et faites comme si vous lanciez la balle par en dessous. Pour ce geste, il faut avoir la sensation de la distance et de l'accélération. Vous devez éprouver ces sensations lorsque vous jouez un roulé.

Apprenez à visualiser le coup avant de le jouer.

Avec quelle intensité lanceriez-vous la balle pour qu'elle atteigne le trou ?

Le mot juste

Effet accéléré La frappe de la balle sur le haut accélère son roulement.
Effet rétro La balle est tapée en bas, le roulement est ralenti.

Exercices pour améliorer le toucher

Chaque golfeur possède naturellement certaines aptitudes ; il lui suffit simplement de les découvrir et de les développer. Le travail sur le vert d'entraînement est un excellent moyen d'améliorer la finesse du geste et le sens du toucher. Voici trois exercices simples qui, tout en étant agréables à exécuter, vous seront très profitables.

Exercices pour le toucher

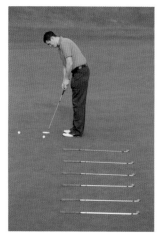  

1 Installez 6 bâtons parallèles sur le sol et à 45 cm de distance les uns des autres. Prenez une demi-douzaine de balles et préparez-vous à jouer en vous plaçant à 3 m du premier bâton.

2 Faites rouler la balle dans l'alignement des manches des bâtons. Appliquez-vous à ce que votre premier roulé s'arrête au même niveau que le premier bâton.

3 Lorsque vous y êtes parvenu, essayez de faire la même opération avec la deuxième balle – même niveau que le deuxième bâton. Continuez ainsi en alignant chaque balle avec le bâton suivant. Le jeu se corse lorsque vous ne parvenez pas à un alignement parfait bâton-balle ! Dans ce cas, repartez à l'étape précédente. Persévérez jusqu'à ce que vous arriviez à placer tous les roulés. Comptez combien de coups il vous a fallu et essayez d'améliorer le résultat chaque fois.

Sans regarder la balle

Une façon d'améliorer de manière très sensible votre toucher est de jouer sans regarder la balle. Dans ce cas, concentrez-vous sur la longueur du coup et n'utilisez vos yeux que dans un second temps. Cet exercice aide à juger correctement la distance et à taper avec régularité.

Petite compétition

L'entraînement sera toujours plus profitable s'il est suivi d'une petite « compétition » avec un autre golfeur.

Une excellente façon d'améliorer votre toucher est de vous entraîner au coup roulé en jouant avec et contre un partenaire ; c'est très stimulant.

Posez 3 ou 4 serviettes sur le vert à différents endroits. Elles vont devenir des cibles que vous allez essayer de toucher les unes après les autres en laissant rouler 3 balles et en cherchant à ce qu'elles s'arrêtent sur les cibles. Utilisez cette façon de compter : 6 points si elle atteint la cible ; 1 point si la balle traverse et s'arrête à moins de 1 m ; -1 point si vous êtes trop court.

La zone cible

C'est un petit exercice auquel vous pouvez jouer seul. Chaque roulé réussi a une grande chance de tomber dans le trou lorsque la balle s'arrête 60 cm au-delà du trou – qui est appelée la zone cible. Choisissez un trou et placez un bâton 60 cm derrière celui-ci et perpendiculaire à vous. Placez un autre bâton 60 cm avant, pas sur le trajet de la balle, puis un autre bâton 1,2 m avant. Tous les bâtons doivent être parallèles entre eux. Jouez vers le trou, en cherchant à ce que la balle s'arrête dans la zone cible, 60 cm derrière le trou. Faites 10 roulés, en comptant 3 points si la balle est rentrée, 2 si vous êtes dans la zone cible, 0 si la balle est dans la zone intermédiaire, -1 si elle est dans l'avant-trou et -2 pour tout autre résultat.

-2
-1
0
2 La zone cible

Travailler la frappe de balle

Si votre vitesse de balle n'est pas bonne, ne pensez plus aux résultats de vos roulés et concentrez-vous sur la frappe de la balle ; il faut que vous sentiez que la balle part bien du milieu de la face du fer droit. Votre toucher s'améliorera et vous croirez de nouveau à une bonne frappe de la balle.

La bonne accélération pour le roulé

L'accélération optimale pour le coup roulé est l'objet
de nombreux débats et différentes méthodes cohabitent.
La balle doit-elle rouler rapidement vers le trou et
toucher le bord intérieur le plus éloigné ou bien est-il
préférable qu'elle perde sa vitesse et glisse en mourant
dans le trou ? Voici les arguments pour et contre.

La méthode de fermeté

POUR

● Si vous traversez fermement la balle,
sa trajectoire sera plus nette.

● Plus votre frappe est forte, moins vous
risquez d'être court et qu'elle sorte de la
trajectoire souhaitée.

● La balle peut dépasser le trou,
donnant ainsi une chance de rentrer.

● Plus vous êtes court, moins vous
aurez de chance qu'elle tombe
dans le trou.

CONTRE

● Vous perdez en sensiblité et votre
roulé de retour peut être trop long.

● La balle peut toucher le trou et
ressortir.

La méthode appropriée

POUR

● Si la balle a la bonne vitesse, elle
atteindra la bonne zone du trou.

● Vous aurez certainement un dernier
roulé court à jouer.

● La balle aura tendance à mourir dans
le trou après une lecture précise même
si ce dernier est assez éloigné.

CONTRE

● Vous risquez d'avoir à jouer un roulé
supplémentaire, même court.

● Vous devez avoir fait une lecture plus
précise de la trajectoire.

Si la balle roule derrière le trou, elle a une chance
de rentrer.

Tout sur la longueur

Si vous possédez naturellement un bon toucher, la suite n'est pas pour vous ! Des recherches scientifiques ont prouvé qu'il existait une longueur optimale pour un roulé qui donne les meilleures chances de rentrer. Si vous réalisez un roulé dans l'espoir de l'arrêter 45 ou 60 cm derrière le trou, la trajectoire sera maintenue et la balle finira dans le trou. C'est la théorie mais, dans la pratique, bien peu de personnes savent évaluer correctement – mathématiquement – la distance. Il est très difficile d'assimiler la notion, pourtant essentielle, de toujours penser à viser après le trou.

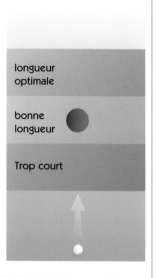

longueur optimale

bonne longueur

Trop court

Roulé en pente

La vitesse de frappe est différente si le roulé à exécuter est en montée ou en descente. En montée, cherchez à frapper la balle plus fort que dans le cas d'un roulé à plat ; elle aura plus de chance de rentrer dans le trou. En descente, essayez de rentrer la balle par l'avant du trou, ce qui gomme le risque d'un coup roulé 1 m derrière.

Pour les roulés courts ne regardez que le trou

Pour un roulé court, visez droit vers le milieu du trou d'une frappe bien franche. Un coup solide avec la tête du fer droit bien droite empêchera le coup de dévier.

Pour les roulés en descente, jouez la balle à l'avant du trou.

Les conditions atmosphériques affectent l'accélération de la balle

Les golfeurs ne prennent en général pas assez en compte les effets de la météo sur les verts. La température, le degré d'humidité dans l'air et le vent peuvent énormément influencer le vol de la balle. Voici quelques-unes des difficultés que vous risquez de rencontrer sur un parcours.

Temps chaud

Si vous jouez par une journée très chaude, il y a de fortes probabilités pour que l'herbe soit courte et brûlée, ce qui va rendre la surface plus rapide. La balle sera plus souple et molle. Lorsque vous jouez avec un fer, au départ, vous devez frapper plus fort la balle sur le té ; il en est de même pour le coup roulé. À l'inverse, si vous jouez dans une région où les verts doivent être très arrosés, cela peut beaucoup ralentir la vitesse de la balle.

Temps froid

Les effets seront alors tout autres. L'herbe peut être plus haute, ce qui donnera des courses plus courtes. La balle et la tête du fer droit seront, elles aussi, plus froides et moins élastiques. Cela produira des frappes moins énergiques. Pour que la balle roule loin, il faut que la frappe soit ferme. Autre problème : vous risquez d'avoir les doigts et les muscles engourdis à cause du froid ce qui peut entraîner de mauvaises sensations.

Observer le temps

Il est bien rare de réaliser un parcours complet en ayant une température constante et sans aucune brise. Apprendre à observer le temps est une part intégrante du golf.

En été, la chaleur rend les verts plus rapides.

L'influence du vent

Bien que de nombreux golfeurs n'en aient pas toujours conscience, la force du vent peut avoir des effets non négligeables sur la balle même lorsque l'on joue un roulé sur le vert. Si vous jouez par une journée très ventée ou sur un parcours très exposé (par exemple en Écosse ou en Irlande), faites bien attention à la direction du vent. Lorsque vous faites un roulé face à un vent violent, votre frappe doit être bien franche. Le vent peut annuler l'effet que vous vouliez donner à votre coup. Par contre, si vous jouez en ayant le vent avec vous, ce sera l'inverse. Vous allez avoir une balle qui va fuser et accélérer.

Se jouer de l'humidité

● Les verts humides maintiennent la balle en hauteur. L'eau en surface risque de freiner le coup.

● Soyez prudent si vous jouez sous la pluie, une couche d'eau invisible peut arrêter la balle dans sa lancée.

● Attention à la rosée du matin qui peut faire changer la façon de rouler de la balle. Cela peut se produire également très tard dans la journée, la vitesse des verts risque de changer.

En hiver, les verts deviennent plus lents.

Lire les verts

Savoir lire un vert est difficile ; c'est l'une des parties les plus délicates
du golf. Apprendre à déchiffrer pente et autre déclivité fait partie des joies,
mais aussi des frustrations de ce sport. Beaucoup de golfeurs ne savent
pas ce qu'il faut regarder et comment regarder lorsqu'ils essayent de
comprendre comment jouer le coup suivant sur le vert. La lecture de
ces pages va vous aider à trouver les bonnes solutions et à devenir un
excellent « lecteur de verts » !

Avoir une vue d'ensemble

Si vous étudiez le vert
à distance plutôt que
lorsque vous y êtes dessus,
vous aurez une meilleure
vision d'ensemble pour
savoir comment va évoluer
votre balle.

Quand vous arrivez près
d'un vert, il n'est pas
question de rêver ou
de discuter avec votre
partenaire ; au contraire,
regardez où est tombée
la balle et récupérez tous
les éléments qui vous
seront utiles. Dans quel
sens est la pente ? Voyez-
vous des creux en vous
approchant ? Parvenir
à avoir une vision
d'ensemble en étant à une
certaine distance vous fera
gagner beaucoup de temps
une fois sur le vert.

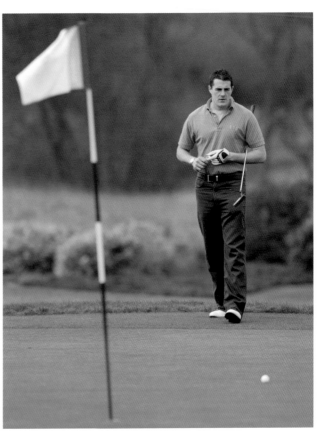

Lire le vert lorsque vous approchez vous fera gagner du temps.

Le truc de la cruche d'eau

Payne Stewart avait une façon intelligente de décomposer
le mouvement. Debout derrière la balle, il se représentait
une grande cruche d'eau. Il imaginait qu'elle se renversait
et essayait de visualiser comment l'eau coulait –
cela l'aidait à réussir des roulés fluides.

Savoir utiliser tous les indices

Chaque vert peut donner un certain nombre d'indices qui vous permettront de vous faire une idée pour l'aborder. Il faut apprendre à regarder.

Soyez attentif à la structure générale du vert. Où est-il installé ? Si les architectes ont créé des pentes sur les verts, c'est probablement pour en varier les difficultés et l'attrait. Même si le vert semble plat lorsque vous marchez dessus, ce n'est qu'une illusion d'optique.

Ayez une vue d'ensemble. Le trou est-il près d'une pièce d'eau ? Y a-t-il des montagnes tout près ? Cela peut paraître bizarre mais les balles semblent attirées par l'eau tout en s'éloignant des sommets. Pensez que l'eau descend des montagnes et se jette dans le lac ; votre balle a tendance à faire pareil.

Observez avec attention la balle de votre adversaire, même si elle n'est pas sur votre ligne de jeu ; cela vous donnera des indications pour votre propre coup, et vous aidera à comprendre comment la balle se comporte près du trou.

Observez toutes les indications données par le vert afin d'améliorer votre jeu.

Ne doutez pas de vous-même

Lorsque vous êtes en place, prêt à effectuer votre roulé, les choses peuvent vous sembler différentes par rapport au moment où vous aviez décidé de jouer de telle ou telle façon. Gardez votre idée première. Ne changez pas au dernier moment, cela donnerait un coup faible et hésitant.

Problèmes classiques et solutions

Lorsque vous vous trouvez face à un long roulé en courbe, la première chose à faire est de bien lire le vert, mais cela ne suffit pas; il faut aussi faire bon usage des renseignements obtenus et les mettre en pratique avec perspicacité pour pouvoir jouer ses roulés avec précision.

Ne pas arriver à lire

Parfois la surface du vert est impossible à lire et semble une masse confuse de zones plates et de pentes. Vous avez beau essayer, vous ne parvenez pas à comprendre comment vous allez jouer.

Solution: travailler l'accélération

L'accélération donnée au coup roulé détermine la trajectoire. Un roulé joué doucement sera plus influencé qu'un roulé frappé fermement. Aussi, concentrez-vous au maximum sur la trajectoire. Si celle-ci a une bonne accélération, elle peut envoyer la balle plus loin que le trou, mais ce ne sera jamais à une très grande distance derrière; cela vous permettra également de comprendre comment est le vert.

Pour Tiger Woods, le plus important dans le jeu de roulé est de donner la bonne vitesse à la balle. Il est très attentif à ce que la balle soit en mesure de finir 30 cm derrière le trou. Vous n'arriverez pas à lire un roulé si vous n'avez pas réfléchi à la vitesse; l'accélération induit la ligne de roulé.

Le mot juste

Never up never in
Cette maxime célèbre signifie que la balle n'a aucune chance de rentrer dans le trou si elle est trop courte

Ne pas faire un bon usage de la lecture

Vous avez bien étudié le terrain, mais la balle n'est pas allée où vous vouliez qu'elle aille, c'est que votre lecture est trop complexe et qu'elle ne peut être appliquée simplement. Soyez plus simple dans votre approche.

Solution : jouer à l'apex du coup

Rappelez-vous, vous ne devez frapper la balle qu'une fois. Il faut qu'elle roule sur une ligne droite, et pour cela vous devez choisir un point et jouer vers celui-ci. Pour parvenir à faire un roulé simple, étudiez bien où vous pensez que se trouve l'apex du coup, où la trajectoire de la balle va changer, et jouez directement vers cet endroit en alignant le corps et la face du bâton vers ce point.

C'est l'accélération du coup qui dicte la nature exacte de ce point ; si vous voulez jouer une balle avec une frappe un peu ferme, pensez à prendre un petit angle.

Avec souplesse

Avec fermeté

Le bon angle de trajectoire

Sur les longues distances, les golfeurs professionnels donnent parfois plus d'angle à leur trajectoire qu'il ne le faudrait pour rentrer. S'ils ont trop pris d'angle, ils vont perdre le coup par le haut du trou, bien que la balle puisse malgré tout – s'ils ont de la chance – rentrer en douceur dans le trou.

Trucs pour s'exercer à lire les roulés

En vous entraînant régulièrement, vous allez développer un sixième sens, augmenter le bon instinct du roulé. Les sensations s'apprennent peu à peu. Voici des exercices à faire à l'entraînement et des techniques qui vous aideront à affûter vos sensations naturelles.

Aligner le logo

Les marques inscrites sur les fers droits et les balles peuvent vous aider à avoir une meilleure frappe. Alignez la marque de la balle sur la ligne de jeu. Lorsque vous vous positionnez, essayez d'aligner la marque inscrite sur le dos de la tête du bâton avec l'inscription sur la balle ; vérifiez que la tête du fer droit est bien alignée.

Frapper un té

Sur le vert d'entraînement, étudiez le coup et trouvez où se trouve l'apex, en essayant de comprendre comment la balle pourrait aller vers le trou. Posez un té sur le vert de façon à faire des roulés de 6 m en courbe et frappez une douzaine de roulés en direction du té. Votre étude du terrain a-t-elle été suffisante ? Comment vos coups ont-ils pu donner des trajectoires différentes ? Cet exercice simple à mettre en œuvre permet de mieux comprendre les problèmes d'apex relatifs au coup roulé.

La grande courbe

Vous devez avoir
confiance dans l'art de lire
les roulés et acquérir la
bonne image mentale
pour comprendre
comment la balle va
changer de trajectoire
quelle que soit sa position
sur le vert d'exercice.
Placez 9 balles sur le vert
et trouvez une pente où
vous pourrez aligner
vos balles suivant un
même arc uniforme qui
suive la pente. Dirigez-
vous vers la balle la plus
près du trou, faites les
gestes de préparation
habituels avant la frappe,
en étudiant le coup
comme d'habitude et
essayez de terminer
le trou.

Lancer des balles en l'air

Vous vous êtes
rapidement rendu
compte que chaque coup
roulé du parcours est

différent du précédent.
Vous ne pouvez jamais
jouer deux fois de la
même façon. Essayer de
répéter sans fin le même
geste n'est pas la bonne
préparation. Aussi, pour
varier un peu, prenez une
demi-douzaine de balles,
installez-vous dans un
coin tranquille du vert

d'entraînement et lancez
les balles en l'air.
Elles vont tomber en
s'éparpillant sur le sol
tout autour du trou.
Allez sur chaque balle et,
avant de la frapper,
effectuez les gestes de
préparation habituels et
étudiez soigneusement
le coup.

« Surveiller » la balle qui dépasse le trou

Lorsque la balle a dépassé le trou, ne levez pas les yeux au
ciel mais, au contraire, suivez-la attentivement
pour essayer d'étudier sa trajectoire. Cela vous sera
utile pour le roulé de retour.

Techniques pour lire les verts

Il existe plusieurs façons d'analyser et de comprendre la trajectoire de la balle. Chaque joueur professionnel possède la sienne propre ; elle est le fruit d'années d'expérience et de recherche. Voici différentes techniques pour apprendre à déchiffrer les pentes. À vous de trouver la méthode qui vous conviendra le mieux.

Le mot juste

Tablier ou frise Zone où le gazon, plus court que sur l'allée, est plus haut que sur le vert.

La technique du fil à plomb

Il s'agit de la célèbre image du golfeur accroupi sur le vert, un œil fermé, le bras souple tenant le fer droit qui pend librement devant lui. Il n'est pas sûr que cette technique soit très efficace, mais elle aide de nombreux golfeurs à mieux juger la pente.

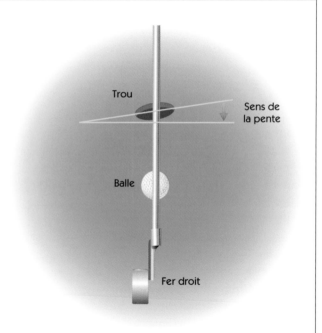

Trou

Sens de la pente

Balle

Fer droit

Tenez-vous à 1,20 m environ derrière la balle, le bâton face à vous et fermez un œil. Le bâton doit être aligné sur la balle et le drapeau. Si ce dernier est sur un des côtés de cet alignement, cela donnera la direction de la pente.

Position accroupie

Certains golfeurs pensent que c'est en étant à ras de terre que l'on voit le plus précisément la structure du vert. Ils se placent sur le tablier du vert, accroupis aussi bas qu'ils le peuvent ce qui leur permet d'avoir la meilleure vision du profil du vert. Cette manière de lire le vert peut être utile si vous avez besoin de vérifier que ce que vous aviez pensé faire de façon instinctive est bon.

Depuis des angles différents

Pour avoir la meilleure lecture possible, vous pouvez regarder le vert à partir de différents angles. Des perspectives diverses vous fourniront des informations qui éclaireront une situation embrouillée. Démarrez toujours votre observation en vous plaçant de l'autre côté du trou.

Bougez de nouveau et placez-vous entre la balle et le trou, en étant particulièrement attentif au dernier tiers du coup, l'endroit où la balle risque de perdre de la vitesse et où elle aura le plus d'effet.

Pour votre dernier angle de lecture, mettez-vous derrière la balle. Il est important que ce soit le dernier angle de vue, car cela vous permettra de visualiser la balle en train de rouler dans le trou, de la façon dont vous l'aurez décidé.

Laissez parler votre instinct

Justin Rose, un des grands golfeurs européens, pensait qu'à trop analyser et étudier, il perdait son flair et son instinct naturels. Il essayait d'oublier ses habitudes et cherchait à garder une part de naturel, en étant moins scientifique – et y réussissait parfaitement. Si lire les coups roulés devient quelque chose de trop pénible et se fait au détriment du plaisir de jouer, laissez parler votre instinct en n'ayant qu'une vue d'ensemble rapide du vert lorsque vous arrivez.

La première idée est souvent la bonne

Si vous doutez en permanence de la justesse de votre lecture, tenez-vous-en à votre première impression. Ayez confiance en vous ; bien souvent, la première impression ne trompe pas.

Lecture de différents verts

Un long roulé de 3 m en montée qui va s'incurver à gauche ou à droite sur un parcours boisé n'aura rien à voir avec un roulé exécuté sur un links. La lecture d'un vert varie suivant le type de parcours et les différentes conditions atmosphériques, tout réside dans le toucher.

Vous ne vaincrez pas les verts si vous ne savez pas bien les lire !

Le mot juste

Links Parcours de golf qui a été construit et aménagé au bord de la mer, avec des dunes plantées d'herbe très résistante. L'origine du mot vient du verbe *to link* : relier. Les plus anciens sont ceux d'Écosse, souvent avec des verts rapides.

Lire la trajectoire sur des verts rapides

Les verts rapides influencent davantage la balle que des surfaces lentes. Faites attention à ne pas frapper trop fort, pour éviter que le coup ne monte trop, mais le changement de trajectoire va s'accentuer. Pensez à modifier votre cible.

Lire la trajectoire sur des verts lents

Les verts plus lents ont moins d'influence sur la trajectoire. Les parcours boisés ont le plus souvent des verts plus lents et plus plats avec un jeu de fers et de bois à l'opposé des links, où un bon et un petit jeu roulé sont très importants.

Les petits plus

• Observez tous les indices lorsque vous approchez du vert.

• Les balles sont repoussées par les montagnes et attirées par l'eau.

• Concentrez-vous sur le roulage plutôt que sur une lecture compliquée.

• Visez le point à partir duquel la balle va retomber.

• Les trajectoires sont plus influencées sur les verts rapides que sur les verts lents.

Gardez la balle la plus propre et sèche possible.

Ce qui peut également affecter la trajectoire

Par temps humide, les verts sont plus lents et la trajectoire moins accentuée. Servez-vous des marques laissées à cause de la rosée ou de l'humidité pour juger comment les verts vont réagir.

Les verts dénudés par manque d'humidité ou parce qu'ils sont mal entretenus auront plus d'action que des surfaces luxuriantes. Le manque d'herbe augmente la vitesse des verts et accentue l'effet de la pente.

Le grain de l'herbe peut pousser la balle dans sa direction. Lorsque vous jouez sur une surface relativement plate, le grain a moins d'influence sur la balle.

CONDITIONS DIFFICILES

Le vent

Le vent s'invite souvent sur les parcours de golf. Il apporte de nouvelles sensations et renouvelle l'intérêt sur des parcours familiers. Mais il peut également les rendre beaucoup plus difficiles. Le vent qui peut tourner sur le parcours risque de promener la balle d'un côté de l'allée à l'autre et de vous déstabiliser.
À moins que vous ne soyez bien préparé, le vent peut vous faire perdre des compétitions.

Lorsque le vent souffle, ayez une position solide.

En étant bien sur la balle, restez détendu.

Ce qu'il faut savoir

Lorsque vous jouez avec du vent, les premières choses dont vous devez vous préoccuper sont la posture et la prise de position. Bien sûr, ces deux éléments sont importants dans toutes les phases du jeu, mais si la posture et la prise de position sont bien solides, vos roulés avec le vent deviendront plus faciles. Le secret consiste à être bien ancré sur le sol afin de lutter contre le vent.

Autre technique

Une façon efficace de garder la meilleure stabilité lorsque le vent est violent est d'agrandir votre position de pieds. Descendez un peu votre prise, afin que votre centre de gravité soit plus bas, pour avoir un équilibre solide, les pieds étant un peu plus écartés que la largeur des épaules.

Pour garder le rythme et le tempo

Une fois bien en position, vous allez pouvoir réaliser un coup ferme, qui vous permettra de garder votre rythme. Johnny Miller, un grand joueur américain, remporta, en 1976, L'Omnium du Royal Birkdale en conservant toujours le même rythme sur les verts malgré de mauvaises conditions et une compétition féroce. Avec le tube de rouge à lèvres de sa femme, il avait marqué la base du manche avec un rond rouge. Il se concentra pour garder ce petit cercle dans son champ de vision pendant toute la frappe. Il ne regardait plus la balle, concentrant son attention sur le rond, ce qui lui permit de conserver un bon tempo.

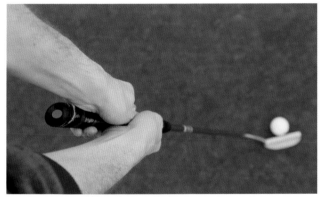

Concentrez-vous plus sur la base du bâton que sur la balle pour conserver le même rythme.

Savoir se concentrer

Contre les éléments, il est important de garder à l'esprit quelques idées simples. En voici quelque-unes pour vous aider à vous concentrer sur le parcours lorsque le vent est de la partie.

● Imaginez que vous enfoncez une punaise dans la balle avec la tête du fer droit.

● Concentrez-vous sur la traversée de la balle et oubliez tout le reste.

● Regardez le trou et commencez seulement à vous orienter vers la cible, en ne pensant plus à la technique.

● Ayez un bon équilibre et concentrez-vous sur celui-ci.

Pensez qu'une punaise est plantée sur la balle.

Gérer la pression sur le parcours

Sur un parcours, c'est sur les verts que la pression se fait la plus forte. C'est là, en fin de compte, que les matchs se gagnent ou… se perdent. Bien sûr, on est souvent très tendu sur le premier té, mais cela s'arrange au fil de la partie. N'oubliez pas : vous devrez jouer des roulés sur chaque trou et il existe alors une chance d'améliorer le résultat ou un risque de perdre votre avantage ! Bien gérer la pression vous aidera à être dans le premier cas.

Comment se manifeste la pression

Lorsqu'il fait chaud, le cœur bat plus vite et les muscles sont tendus. C'est ce qui se passe également sur les verts.

D'abord, lorsque vous approchez du vert, respirez profondément et lentement pour ralentir le rythme cardiaque. L'afflux d'oxygène au cerveau favorise la détente.

Ensuite, soyez attentif à ne pas exercer une trop forte pression sur la poignée. Dans vos mains passe toute la nervosité de votre corps, et vous pouvez vous retrouver en train d'étrangler littéralement le fer droit. En ayant une pression normale sur la poignée, vous relâcherez la tension de vos bras et vous obtiendrez une frappe plus détendue.

Pensez à avoir une prise sans pression.

Les gestes habituels à notre secours

Un élément important pour vaincre la pression est de rester fidèle à vos gestes habituels – le cocon connu et confortable dans lequel vous avez confiance. Préparez-vous pour un coup roulé avec pression exactement de la même façon que si vous prépariez un roulé de 3 m en début de parcours. Vous devez passer le même temps pour chaque coup, qu'il soit le premier de la partie ou un roulé de 1,8 m qui peut changer la partie.

Gérer la pression à l'entraînement

La pression existera toujours pendant une partie, aussi est-ce parfois utile de la mettre en pratique. Reproduire des situations où la pression est forte peut être intéressant pour apprendre à la connaître et à la surmonter. Essayez ce petit exercice.

1 Placez une demi-douzaine de balles en cercle à environ 1 m tout autour du trou. Essayez de rentrer toutes les balles dans le trou. Pour corser la difficulté, si vous en ratez une, recommencez tout jusqu'à ce que toutes les balles soient rentrées.

2 Placez maintenant les balles à 1,5 m du trou et faites le même exercice, en repartant à zéro si vous en ratez une. Lorsque vous avez pleinement réussi, recommencez avec des roulés à 1 m du trou. Effectuez trois séries pour chaque distance en n'arrêtant que lorsque vous y parvenez parfaitement.

BON À SAVOIR

N'oubliez jamais que quelle que soit la situation, vous devez la contrôler. Rien de ce que peut faire votre adversaire ne doit affecter votre frappe. Pour cette raison, vous devez d'abord penser à jouer chaque coup, l'un après l'autre, ensuite penser à jouer contre le parcours et enfin penser à jouer contre votre adversaire. Un autre ordre de priorité ne pourra entraîner que des déboires.

Différentes sortes de verts et d'herbe

Un des plaisirs du golf réside dans ses styles de parcours très divers. Les arguments pour savoir quel type de parcours est le meilleur sont infinis. Chaque parcours a ses caractéristiques propres, avec des gazons différents, en particulier autour du vert. Un roulé sur un links n'a rien à voir avec un roulé réalisé sur un parcours boisé.

Des arbres surplombant le vert peuvent entraîner la présence d'eau.

Vert sur links

Les verts sur les links sont souvent plus grands que ceux des parcours boisés, surtout au cœur de l'été, où les limites sont moins marquées.

Les allées courtes et étroites se déroulent doucement et de façon uniforme jusqu'aux verts. Vous pouvez y réaliser un roulé de 24 m dans un paysage vallonné – cela fait partie des plaisirs et de la beauté des links.

L'herbe plus courte et beaucoup plus résistante des links est plus dense que celle des parcours avec arbres (bien que cela ne soit pas toujours le cas). La vitesse des verts incurve davantage la trajectoire des balles, ce qui rend les roulés beaucoup moins prévisibles.

La diversité fait le piment de la vie

Pour s'améliorer dans tous les compartiments du jeu, il ne faut pas toujours jouer sur le même parcours, le fait de jouer sur des golfs variés augmentera votre talent. Les golfeurs qui ne veulent pas découvrir d'autres parcours stagnent, surtout à très haut niveau.

Les meilleurs golfeurs sont de véritables globe-trotters – Ernie Els et Tiger Woods jouent partout dans le monde avec une immense réussite – alors que leurs homologues qui préfèrent moins bouger manquent davantage de variété dans leur jeu.

Parcours boisés

Les verts des parcours boisés sont toujours plus lents et plus doux que ceux des links.

La différence entre le tablier et le vert est plus nette, les approches doivent être hautes, précises. Bien souvent, les verts sont plus petits et les pentes moins accentuées. Beaucoup de ces nouveaux parcours ont été dessinés avec de grands verts « vallonnés » qui demandent un jeu d'approche prudent. Pour vous aider, vous devez vous concentrer sur la zone d'impact de la balle en permanence (voir p. 83). Sur ce type de parcours, regardez le plan pour bien connaître les distances. Étudiez bien les dimensions des verts. Cela peut vous éviter quelques trois roulés !

(voir p. 83)

Le mot juste

Armer les poignets Dans un plein élan, vous pouvez armer et désarmer les poignets contrairement au coup roulé, où ils ne doivent avoir aucune influence...

Rouler sur un vert lent

1 Mettez-vous normalement en position, en ayant une position stable et équilibré. Gardez un mouvement pendulaire simple, à la montée et à la descente, en ayant les poignets détendus mais fermes. Lorsqu'on joue sur des verts lents, il peut être utile de « donner » légèrement du poignet.

2 À la montée, ne craignez pas de laisser aller les poignets très légèrement avec le poids du bâton. N'exagérez pas le geste et laissez fléchir votre poignet à la montée.

3 Sur la traversée, laissez les poignets tomber avec le poids de la tête du fer droit. C'est le déclencheur. En donnant de la flexibilité aux poignets, vous réaliserez un petit coup sec qui peut aider la balle à rouler doucement sur des surfaces lentes.

Jouer à différents moments de la journée et de l'année

On peut jouer au golf tant que la lumière naturelle le permet et tout au long de l'année. Suivant la saison ou le moment du jour, vous éprouverez des sensations différentes du départ au vert (la balle vole plus en été). On ignore trop souvent les effets qui peuvent en résulter sur les verts.

Les verts changent suivant l'heure à laquelle on joue.

Jouer le matin

• Les verts sont plus rapides s'ils viennent d'être tondus.

• Faites attention à la rosée qui s'est déposée sur l'herbe et qui peut ralentir la balle.

• Le sens de la coupe de l'herbe donne la direction du grain.

Jouer l'après-midi ou le soir

• Le gazon a poussé et roule moins que dans la matinée.

• Le gazon a eu le temps de sécher ; il peut être un peu cassant, il roule plus vite que le matin.

• De nombreux golfeurs ont marché sur les verts ; il y a donc beaucoup de marques de chaussures et de balle (vous ne pouvez relever que les marques de balles).

Les verts changent – observez les résultats

En suivant les compétitions internationales où le nombre de participants est si important qu'il y a des départs le matin et l'après-midi, on note des différences de résultats qui prouvent que les verts ont évolué pendant la journée. Lorsque les verts sont difficiles le matin, les résultats sont plus élevés que dans l'après-midi lorsqu'ils sont plus faciles et… vice versa.

Jouer l'hiver

Même si vous vivez dans une région tempérée, jouer au golf l'hiver est bien différent du golf d'été. Comme le soleil monte moins haut, les verts sèchent moins vite. De plus, les verts sont tondus moins ras et moins fréquemment qu'au plus fort de l'été.

Tous ces éléments font que les verts sont plus lents et qu'il y a moins de problèmes de trajectoire. Même avec des roulés courts, la déviation sur les verts sera moins forte qu'en été.

Jouer au golf l'hiver est bien différent du sport pratiqué en été.

Des gazons différents

Bermuda grass : gazon touffu, épais. Il peut être difficile d'avoir une bonne frappe dans ce type de gazon.

Rye grass : gazon très résistant, la balle est freinée plus rapidement.

Bent grass : herbe fine, supporte mal les climats chauds. Ce sont les verts les plus rapides.

Conditions pouvant affecter la vitesse des verts

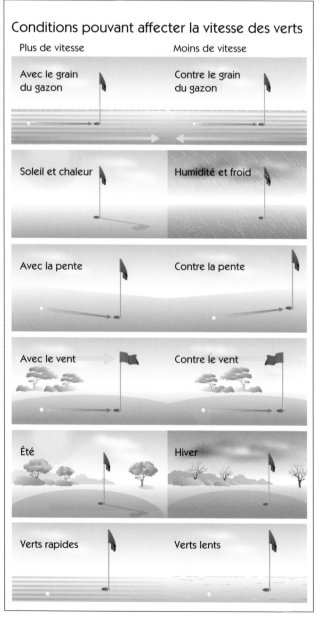

PROBLÈMES DE FRAPPE

Si, sur un parcours, vous trouvez que vos coups roulés ne donnent pas toute leur mesure, notez ce qui ne va pas. Vos roulés ont-ils tendance à partir systématiquement sur un côté du trou, sont-ils trop courts ou, au contraire, trop forts ? Dans cette partie, nous allons vous aider à éliminer tous ces problèmes.

Tendance à jouer vers la droite

Si vous trouvez que vos roulés ont tendance à être plutôt à droite du trou, malgré une bonne position de la tête du fer droit, c'est qu'il y a un ou des problèmes. Le plus souvent, c'est dû soit à un mauvais alignement soit à une mauvaise trajectoire du coup (voir ci-contre). Étudiez les deux cas pour savoir quel est votre problème et le résoudre.

Solution : un meilleur alignement

1 Vous avez souvent le corps aligné correctement, mais vos épaules sont alignées sur la ligne de visée ; cela vous oblige à baisser les épaules pour taper droit. Pour corriger cela, placez le bâton derrière la balle uniquement avec la main droite.

2 Posez ensuite la main gauche sur la poignée. Cela permettra un alignement des épaules naturel et précis. Ajoutez cet exercice de placement dans vos gestes de préparation habituels avant de frapper la balle.

3 Enfin, concentrez-vous pour que la ligne des épaules soit directement sur la ligne de jeu. Les pieds et les genoux étant déjà parallèles, le coup sera précis aussi longtemps que vous suivrez cette ligne.

Mauvais coup

La majorité des golfeurs cherchent à donner au fer droit un mouvement pendulaire, avec une montée et une descente directes. Faire osciller le bâton dans une montée intérieure est également une bonne technique – comme une porte qui s'ouvre et se ferme – mais le danger est de tenir le bâton trop loin à l'intérieur de la ligne.

Cette position provoque des problèmes à l'impact. Si vous tenez le fer droit trop loin de vous, vous aurez du mal à être perpendiculaire à l'impact : la face du bâton à l'impact étant ouverte.

Le mot juste

Roulage Manière dont la balle roule vers le trou. Elle est influencée par la qualité des verts et les conditions atmosphériques.

Solution : améliorer la trajectoire du coup

1 Choisissez un endroit plat du vert et faites un roulé de 3 m vers un trou ou un té. Placez une boîte de balles à l'intérieur de la ligne, derrière le bâton. Mettez-en une autre à l'extérieur de la ligne et de l'autre côté de la balle.

2 Faites le roulé en évitant de frapper les « barrières » mises en place. À la montée, si vous touchez la boîte de balles à l'intérieur de la ligne, le bâton va sortir de la ligne de jeu et vous aurez une trajectoire à droite.

3 Pour votre élan, soyez attentif à ce que la tête du fer droit ait un mouvement aisé vers la cible et à ne pas taper la boîte face à la balle. Entraînez-vous jusqu'à ce que le geste devienne naturel.

Tendance à jouer vers la gauche

Envoyer la balle régulièrement à gauche peut avoir la même cause que des roulés dont la trajectoire est incurvée à droite – pour des raisons inverses. Souvent, une main trop ferme pendant le coup peut entraîner le roulé à gauche, cela résulte d'une tension excessive ou d'un lever de tête trop rapide pour voir où le coup a fini.

Le mot juste

Normale Nombre de coups standard à réaliser sur un trou pour ne pas augmenter son handicap.

Solution : un meilleur alignement

1 Un bon alignement du corps associé à une mauvaise ligne des épaules peut créer des difficultés. Si vous avez le corps parallèle à la cible, mais les épaules alignées à gauche, la trajectoire du coup ira vers la gauche. Placez le bâton derrière la balle et mettez la main droite sur la poignée.

2 Maintenant, posez la main gauche sur la poignée. Alignez-vous le plus précisément possible jusqu'à ce que ce positionnement devienne inconfortable.
Il est impératif que la face du bâton soit face à la cible, sinon l'exercice ne vous sera d'aucune utilité.

3 Concentrez-vous sur le prolonger le long de la ligne de visée. Faire votre élan le long de la ligne d'épaules vous permettra une frappe précise vers le trou. Ajoutez ce placement dans vos gestes habituels de préparation, cela vous aidera sur un parcours.

Mauvais coup

Le but est de faire un élan avec une montée et une descente directes. Trop souvent, les golfeurs prennent le bâton en dehors de la ligne lorsqu'ils font leur élan. La tête du fer droit est éloignée par rapport à leur corps à la montée.

Comme le fer droit est en dehors de la ligne, le joueur doit le ramener en coupant la ligne de visée, le bout du bâton part vers la gauche du trou, mettant, bien sûr, la balle dans cette direction. Le résultat est une trajectoire incurvée vers la gauche et un roulé raté.

Solution : l'exercice du drapeau

Une façon de corriger une mauvaise trajectoire du coup est de s'installer dans un endroit tranquille du vert, avec un roulé de 3 m et en utilisant le drapeau. Mettez-vous à l'alignement du drapeau et placez-vous derrière la balle. Posez le drapeau sur le sol, assez près de la balle et parallèle à la ligne de visée.

Le drapeau en place, tapez des roulés en alignant votre élan le long de la ligne de drapeau. À la descente, vous allez couper cette ligne et le coup partira à gauche.

Gardez le bâton vers le trou, en vous servant du drapeau comme guide. La distance entre la tête du fer droit et le drapeau doit être la même à la montée et à la descente.

En finir avec les roulés trop courts

Des roulés vraiment trop courts sont une des plus mauvaises choses qui puissent arriver au golf. C'est très déprimant de ne pas arriver à trouver la bonne longueur.

• C'est une façon négative de rater le coup – vous ne vous donnez aucune chance. Si la balle avait dépassé le trou, elle aurait pu rentrer.

• Votre lecture du coup ne sert à rien – la balle dévie trop quand elle perd de la vitesse ce qui vous empêche de bien juger la trajectoire.

• Vous risquez de manquer de confiance dans les autres secteurs du jeu.

Ignorer le trou

Une façon astucieuse d'être sûr que votre balle roule dans le trou et au-delà est d'ignorer ce dernier. Allez derrière le trou, trouvez une marque dans l'herbe, une feuille, etc., à environ 1 m derrière le trou, puis alignez votre coup sur ce point. Si votre frappe est bonne, la balle roulera juste derrière le trou avec une accélération optimale.

Vérifier son matériel

Si vous ratez trop de roulés courts, c'est peut-être à cause du fer droit. Contrairement à ce que votre instinct vous suggère, un fer droit ayant moins de poids derrière – un fer droit «talon pointe» – peut vous aider à avoir une frappe plus ferme qu'un fer droit avec une tête plus lourde. Un bâton plus léger vous obligera à avoir une frappe plus agressive, à cause du manque de poids du bâton, et à un besoin intuitif de taper fort. Si vous voulez progresser, choisissez un fer droit léger.

Trou

Améliorer le toucher

Bien souvent, c'est à cause d'une mauvaise frappe de balle que les roulés courts sont ratés. Si la balle ne part pas du milieu du bâton, vous aurez du mal à donner de l'énergie à celle-ci et elle risque d'être trop courte. Cet exercice va vous aider.

1 Posez trois coussins sur une surface plane. Mettez-en deux côte à côte en ménageant un petit espace entre les deux. Posez le troisième derrière, au milieu.

2 Prenez deux tés et collez-les avec de l'adhésif double face sur le fer droit. Vérifiez que les tés encadrent bien la surface de frappe du bâton.

3 Grâce à un coup précis, essayez de faire passer les balles dans l'espace entre les coussins. Si votre frappe est mal centrée, la balle va partir à droite ou à gauche et sera arrêtée par les coussins.

4 Avec un coup bien centré, la balle passera entre les coussins et s'arrêtera au niveau du troisième. Entraînez-vous à faire des roulés de différentes longueurs sans avoir peur de perdre les balles.

Image inversée

Lors des gestes de préparation de la frappe, au lieu de visualiser la balle roulant vers le trou et y tombant, représentez-vous la balle roulant hors du trou et revenant sur votre fer droit.

C'est comme si vous vous repassiez l'action à l'envers. En imaginant la trajectoire inversée de la balle, votre esprit comprendra mieux le processus de la frappe.

Des roulés trop forts trop souvent

Des roulés trop forts peuvent être une vraie source d'ennui. Si ceux-ci dépassent le trou vous laissant avec un roulé de retour aussi long que celui de départ, cela peut devenir désespérant. Vous pouvez être en butte à ce genre de difficulté sur le parcours ; pourtant, ce n'est pas un problème permanent : il est le résultat de conditions particulières.

Exercices pour revenir à un meilleur roulé

- Avec la main du bas, tenez votre poignée de façon plus légère. Une prise forte donnera un coup fort, essayez d'alléger la prise, surtout avec la main du bas ; c'est elle qui conduit la balle, vous retrouverez un bon toucher.

- Utilisez un fer droit plus lourd, vous verrez que votre coup sera plus doux.

- Essayez de raccourcir votre montée. Sa longueur détermine la force du coup.

- Essayez de conserver le tempo, même sur la montée.

- Si tout va mal, prenez la balle par le bout du bâton. Mettez-vous en position en ayant la balle décentrée. Servez-vous de cette partie de la tête du fer droit pour taper la balle. Cela adoucit la frappe et permet un roulage plus doux.

Jouer en Pro-Am

Des roulés trop forts sont un problème fréquent pour des amateurs jouant en Pro-Am, en particulier lorsque ceux-ci précèdent une compétition importante. Les verts préparés sont alors plus rapides que les verts pour amateurs. Si vous avez la chance de pouvoir jouer en Pro-Am, vous devez devenir un joueur de roulés émérite.

Ayez une prise légère avec la main basse.

Raccourcissez votre montée pour un bon tempo.

Prendre la balle au bout du fer droit peut amortir le coup et adoucir une prise de main trop forte.

Redécouvrir la bonne distance

Si vous avez des soucis avec la longueur sur les verts,
n'espérez pas que cela va s'arranger tout seul !
Voici un exercice qui vous permettra de vous recaler
si vos roulés sont trop forts.

Pour vous entraîner à réussir des roulés de
longueurs différentes, vous devez revoir votre toucher.
Sur le vert d'entraînement, prenez 4 balles et faites un
premier roulé à environ 9 m d'une cible quelconque,
en vous concentrant sur la frappe. Avec la balle
suivante, essayez d'envoyer la balle à la moitié de cette
distance – 4,5 m. Puis, avec la troisième balle, encore
la moitié de la distance, pour, au final, arrêtez la
dernière balle à 1 m du but que vous vous étiez fixé.

Donnez-vous des objectifs, comptez les points
et cherchez chaque fois à battre votre résultat
précédent.

Jouer long, c'est pas si mal !

De tous les malheurs que
vous pouvez connaître
sur un vert, ce n'est pas
le pire. Jouer un roulé
trop fort est une façon
positive de perdre,
si on peut dire
les choses comme ça.
En effet, vous donnez
à la balle une chance
de rentrer en l'envoyant
derrière le trou. Elle peut
alors passer sur le trou
et rentrer ! Et puis, votre
roulé de retour sera plus
facile à rentrer.

Gestes incontrôlés :
solutions sur le long terme

Nous avons déjà évoqué les gestes incontrôlés (voir p. 44),
mais le sujet est vaste et beaucoup de grands golfeurs régressent
terriblement à cause de ce pénible problème. Les solutions
ne vont pas apparaître d'un coup de baguette magique – il faut
de la pratique, de l'entraînement et beaucoup d'attention.

Le bâton sous les aisselles

1 Bien qu'il faille
reconnaître que ce n'est
guère agréable, cet exercice
va vous aider. Sur le vert
d'entraînement, coincez
un bâton sous les aisselles.
Mettez-vous en position et
tapez des roulés de 0,6 m,
1 m et 1,2 m.

2 La position du bâton
vous fait sentir
la connexion entre les bras
et les épaules. C'est une
chaîne, où tout doit être
en place. Vous êtes obligé
de vous concentrer pour
faire un coup correct –
un mouvement rotatif parti
des épaules et non un petit
mouvement des poignets.

Changer de fer droit

De nombreux golfeurs
ont trouvé une parade
aux gestes incontrôlés
en changeant de fer droit
et en jouant avec un
bâton plus long – fer
droit long ou abdominal.
Même si vos partenaires
rient sous cape, ne vous
laissez pas impressionner,
c'est une bonne méthode
pour lutter contre ces
mouvements
désordonnés. Il n'y a pas
de conflit entre la main
gauche et la main droite
– une des raisons
majeures des « yips ».
Le fer droit abdominal
ancre le bâton dans
l'estomac, la main
ne sert qu'à guider.

Un sujet de recherche

Les gestes incontrôlés font l'objet de nombreuses recherches et débats dans le monde entier. Les théories abondent et les solutions proposées qui marchent… ou qui ne marchent pas sont très nombreuses. Il existe quelques certitudes malgré tout, l'une d'elles étant que ces gestes incontrôlés sont souvent le lot de golfeurs qui jouent en étant trop attentifs à leurs mains, à leur bâton, à leurs épaules, en étant trop tendus en fait, sauf sur la frappe de balle.

Le psychologue du sport et préparateur physique, Bob Rotella écrit : « Les golfeurs qui ont ces gestes sont souvent des joueurs qui n'ont pas compris qu'un bon coup roulé est un geste inconscient et incontrôlé. »

Des recherches sont en cours pour trouver les causes et des solutions aux gestes incontrôlés.

Sam Snead et les gestes incontrôlés

« Quatre fois, j'ai réussi à me débarrasser de ces gestes incontrôlés, mais ils reviennent toujours ! Vous voyez ces roulés de 0,6 m en descente avec une rupture de pente ? Eh bien, je préférerais être face à un serpent à sonnette ! »

La meilleure solution

Cela peut sembler étrange, mais la seule façon de vaincre les gestes incontrôlés de manière efficace est de « démanteler » votre coup roulé et de repartir avec une attitude nouvelle et positive. Il faut que vous ayez de nouveau du plaisir à jouer. Acceptez les roulés ratés, oubliez-les, souvenez-vous, au contraire, des bons trous. Évitez de trop décortiquer les mécanismes du roulé en ne vous concentrant que sur la balle roulant dans le trou.

Face à un roulé court, faites vos gestes habituels de préparation, mettez-vous en position, regardez une dernière fois le trou, puis fermez les yeux. Jouez le coup. Ne cherchez pas à visualiser ce que vous êtes en train de faire, vous aurez plus de chance d'être détendu.

Jouer les yeux fermés peut aider à mieux contrôler les gestes.

LE FER DROIT ET LE PARCOURS

Saviez-vous que vous pouvez utiliser le fer droit ailleurs que sur le vert ? Saviez-vous que la technique du roulé n'est pas uniquement celle de petits coups, mais que vous pouvez l'employer dans de très nombreuses situations ? Le talent du fer droit et du roulé sont sans égal au golf, aussi ajoutez cette « arme » sensationnelle à votre jeu en essayant quelques-uns des coups développés dans les pages suivantes.

Le mot juste

Motte Touffe d'herbe qui a été soulevée ou arrachée par la tête du bâton en passant sous la balle. L'étiquette invite les joueurs à replacer les mottes de gazon arrachées.

Vous pouvez utiliser le fer droit à peu près n'importe où sur un parcours.

Prendre le fer droit en dehors du vert, dès le tablier, est toujours le bon choix.
- S'il n'y a pas de difficulté particulière, il n'est pas utile de tenter un coup d'approche roulé qui est plus exposé aux erreurs.
- Un mauvais roulé permettra de finir le trou mieux qu'un mauvais coup d'approche roulé.
- Lorsque vous jouez à partir d'une mauvaise position, la balle n'est pas portée par l'herbe et il est difficile de prendre un cocheur pour éviter de taper la balle.
- Le vent a plus d'influence sur une approche roulée que sur un roulé, qui reste plus au ras du sol.
- On peut facilement « contacter » la balle avec une surface plane (un fer droit) qu'avec une face ouverte (un fer).

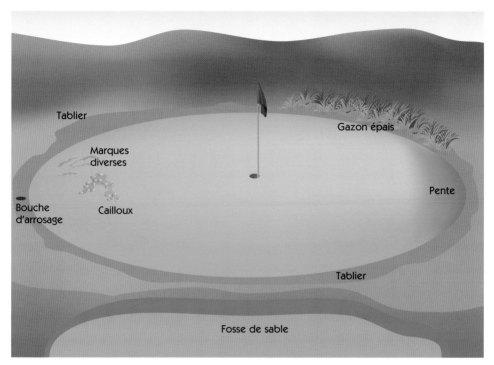

Tablier

Gazon épais

Marques
diverses

Pente

Bouche
d'arrosage

Cailloux

Tablier

Fosse de sable

Rouler ou ne pas rouler

C'est parfois une question que l'on peut se poser lorsqu'on arrive aux abords des verts. Voici un petit guide des éléments à prendre en compte lorsque vous êtes face à ce dilemme. Rappelez-vous le principe de base : faites toujours le coup qui vous permettra de rentrer le trou.

La position de la balle

C'est un élément capital. Si la balle est enfoncée dans l'herbe ou dans un trou, il est sans doute préférable de prendre un cocheur pour taper le bas de la balle.

Longueur du tablier

En bordure de vert, si vous devez franchir une grande distance, le roulage de la balle sera affecté, et vous devrez donner une accélération plus grande.

Pentes sur le vert

Pour envoyer la balle au bord du trou sur une forte pente, il est préférable de faire un roulé plutôt que d'avoir à lever la balle avec un cocheur.

Marques sur le sol

Jouer dans un trou ou au-dessus des bouches d'arrosage est très risqué. Vérifiez qu'aucun élément perturbateur ne va gêner la frappe vers le drapeau.

Étudiez le vert pour savoir comment vous allez jouer.

Dangers

En théorie, il est préférable de ne pas faire de roulés dans les fosses de sable, les ruisseaux ou l'herbe épaisse.

Rouler sur des types de parcours différents

Vous utiliserez davantage le fer droit lorsque vous jouerez sur un links brûlé que lorsque vous jouerez sur un parcours boisé aux verts, allées et rough en bon état. Sur les links, entraînez-vous aux longs roulés en prenant le fer droit.

Souplesse de la technique du roulé

Non seulement le fer droit peut vous être utile à peu près partout sur un parcours, mais sa technique est également très diverse et souple, aussi longtemps que vous avez confiance et développez votre imagination pour l'utiliser. Un bon roulé peut vous sauver de bien de difficultés.

Utiliser le coup d'approche roulé

Lorsque vous devez faire passer la balle au-dessus d'une touffe d'herbe avant d'atteindre la surface du vert, la technique de l'approche roulée peut être utile. Prenez un fer 7 ou 8 et mettez-vous en position comme pour un roulé, avec une prise, une posture et un placement de coup roulé normaux, mais avec la balle au milieu de la position de pieds.

Le mot juste

Calotter Coup manqué dans lequel le bâton frappe le haut de la balle. Celle-ci roule sur le sol.

1 Réussissez une approche roulée en faisant un simple coup roulé. Faites une montée directe, tournez les épaules en ayant pas ou très peu de poignets et jouez le coup comme s'il s'agissait d'un grand roulé.

2 Accélérez sur la balle comme pour n'importe quel coup roulé, mais en augmentant votre élan arrière. La balle sort, vole sur une courte distance au-dessus du lie, puis roule sur le vert. Ce coup convient particulièrement bien pour les longs coups de 18 m ; il est préférable à une approche roulée classique.

Utiliser un cocheur

Lorsque votre balle se situe en limite allée-avant-vert ou est à la limite entre entrée de vert et vert, la technique du roulé est préférable à l'utilisation du cocheur. Il peut être astucieux de frapper le dos de la balle d'un coup ferme grâce à une approche roulée classique, exécuté avec un fer court (cocheur ou fer 9).

1 Dégagez-vous de cette situation en utilisant un cocheur et tapez au milieu de la balle (c'est ce qu'on appelle le coup en demi-balle). Il faut qu'il touche le moins possible l'herbe.

2 Exécutez le coup de façon à ce que la face du bâton soit basse et droite vers la ligne de visée à l'impact.

Utiliser un bois 3

Si vous devez jouer depuis la frange herbeuse du vert, faire une bonne approche roulée peut devenir difficile, car la tête du bâton risque de rentrer dans l'herbe. Prenez un bois : sa tête plus large balaiera l'herbe et permettra un coup plus franc.

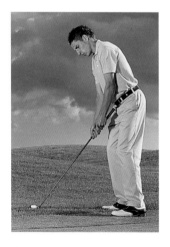

S'entraîner sans cesse

C'est une évidence : réussir ses coups est un vrai bonheur alors que perdre rend triste. L'entraînement est le prix à payer pour éviter sur un parcours des trous épouvantables.

1 Prenez une prise de fer droit et mettez-vous en position comme pour un roulé. Tournez les épaules vers l'arrière et tapez un coup roulé normal.

2 La balle sort de cette position délicate, et arrive sur le vert avec une frappe ferme et un bon roulage. Elle volera plus loin qu'avec une approche roulée ordinaire, alors jouez doucement.

Les multiples usages du fer droit

Le fer droit ne sert pas que sur les verts. Il peut être également très utile pour le petit jeu. La technique du roulé est la plus simple dans ce sport et le fer droit est souvent le bâton de votre sac le plus facile à jouer. C'est une option sérieuse, même dans les pires situations. Tout ce dont vous avez besoin, c'est de courage !

Avec la pointe du fer droit

Si votre balle se trouve dans l'herbe épaisse du tablier, il est parfois difficile de choisir le bon bâton pour la jouer, même si vous avez choisi un bois de parcours (voir p. 103). Regardez votre fer droit. Est-ce qu'il a une tête relativement fine avec une pointe plate ?

Si la réponse est oui, servez-vous de la pointe du bâton pour obtenir un résultat intéressant. Mettez-vous en position normalement, mais tournez le bâton perpendiculairement à la ligne de visée de la balle.

Tapez la balle avec la pointe du fer droit. L'intérêt de cette méthode réside dans le fait que la tête du bâton peut facilement toucher et frapper la balle malgré l'épaisseur de l'herbe.

Avec le talon du bâton

S'entraîner à rouler en se servant du talon du bâton est une bonne façon d'améliorer la frappe de la balle en étant plus précis. Une dizaine de minutes d'entraînement de ces coups décentrés permet d'améliorer votre confiance dans la précision du roulage de la balle.

Envoyer la balle en l'air

Si votre balle est tombée dans un trou fait par une motte arrachée ou a été « avalée » par l'herbe épaisse du rough, bien contrôler sa frappe ressemble à une gageure. Un bon entraînement est nécessaire pour bien réussir ce genre de coup, mais il est possible de sortir de cette situation en utilisant le fer droit pour soulever et sortir la balle.

Fer droit et envolée de balle ne sont pas des mots qui vont bien ensemble, mais si, avec la tête du fer droit, vous frappez le dos de la balle presque à la verticale, celle-ci va sortir de l'encombrement avec un effet accéléré et roulera vers le trou. Il vous faut trouver un équilibre entre un coup trop enfoncé ou, au contraire, trop levé.

La balle est contre un arbre

Cela arrive parfois : la balle est arrêtée contre un arbre et il faut faire une approche roulée pour la replacer sur l'allée. Si le sol est dénudé – ce qui est souvent le cas –, un fer droit ne lèvera pas trop la balle qui risquerait de taper contre une branche. Ce coup ne demande qu'un petit élan arrière – il faut simplement monter le bâton en ligne droite.

Les trois questions à se poser avant d'utiliser le fer droit

Si la réponse à ces questions est « oui », laissez votre fer droit dans le sac.

● La position de balle est-elle trop mauvaise pour se servir du fer droit ?

● Son utilisation aurait-elle de mauvaises conséquences ?

● Y a-t-il un autre coup plus facile pour rentrer le trou ?

Rouler dans une fosse de sable

Cela peut sembler étonnant, mais utiliser le fer droit pour sortir d'une fosse de sable est parfois une manière judicieuse de jouer. Si vous adoptez la bonne technique et si vous choisissez l'occasion ad hoc pour jouer ainsi, vous vous apercevrez que vous gérez mieux la trajectoire de la balle qu'avec un cocheur de sable. Ne tenez pas compte de la surprise de vos partenaires lorsqu'ils vous verront jouer ainsi et essayez !

Conseils pour rouler dans une fosse de sable

● La lèvre de la fosse ne doit pas être trop pentue, sinon il vous sera impossible de faire un roulé.

● La balle ne doit pas être trop enfoncée dans le sable.

● Le sable doit être assez granuleux ; s'il est trop fin et mou, il donnera l'impression que la balle est tombée dans de la neige.

● Vérifiez que le terrain est dégagé jusqu'au vert et qu'il n'y a pas de rough ou de lande à traverser avant d'atteindre le vert.

Comment jouer

1 La mise en position est celle d'un roulé normal, avec deux modifications. Ne touchez pas le sable avec le bâton, vous risquez de prendre deux points de pénalité en partie par coups et même de perdre le trou en partie par trous. Ancrez bien les pieds dans le sable.

2 Frappez la balle avec un élan fort et volontaire. Votre frappe doit être franche, sinon vous ne parviendrez pas à sortir de la fosse.

3 Accélérez sur la balle, en cherchant à la frapper le plus nettement possible, sans faire voler de sable. Utilisez votre technique de roulé habituelle avec un long élan arrière.

Faire des approches roulées

De nombreux golfeurs pensent que faire une approche roulée sur un vert n'est pas autorisé, c'est pourtant tout à fait possible. Vous pouvez vous servir de n'importe quel bâton sur un vert, le fer droit n'est pas obligatoire.

1 Jouez une approche roulée normale, le poids sur le pied gauche et en position légèrement ouverte.

2 Faites une longue montée pour que la tête du bâton traverse la balle.

3 Accélérez le bâton dans la balle à l'impact, c'est important pour une frappe nette.

Pourquoi tenter une approche roulée sur le vert ?

Il existe quelques cas où ce peut être intéressant :
• Lorsqu'il faut faire un roulé aussi long que si vous étiez sur le link.

• Si le vert est en pente et que vous voulez arriver sur une partie plate.

• Si la forme du vert oblige à rouler en partant du bord ou du rough pour atteindre le trou.

Ce à quoi il faut être attentif

Si vous faites trop d'approches roulées sur les verts, l'équipe d'entretien ne vous verra pas d'un très bon œil. Essayez de ne pas arracher de mottes afin de ne pas abîmer la surface.

Attention à ce que la balle ne vole pas trop haut, pour ne pas faire de marque sur le sol. Utiliser un cocheur d'allée n'est pas très indiqué pour ce genre de coup. Utilisez plutôt un cocheur de sable.

La règle des 7 sur 10

Chaque fois que vous envisagez de réaliser un coup peu orthodoxe, vérifiez que c'est la bonne option avec la règle des 7 sur 10 : votre coup est-il bon 7 fois sur 10 ? Dans l'affirmative, la prise de risque est valable. Dans le cas contraire, repensez votre façon de jouer.

S'entraîner à l'intérieur

Si vous êtes enfermé chez vous à cause d'une pluie battante,
ou si vous avez besoin d'une petite pause au milieu d'une dure
journée de travail, essayez ces exercices qui amélioreront votre
technique. Ils ne demandent pas de gros moyens !

Avec un gobelet en plastique

Lorsque vous vous exercez « au roulé sur
moquette », avoir une cible vous aidera.
Un gobelet en plastique posé sur le sol fera
office de trou. Vous devez être d'une très grande
précision pour que la balle roule bien droit
et rentre dans le gobelet ; sinon, elle roulera
à côté. Les bords du gobelet seront un obstacle
supplémentaire pour que la balle rentre –
cela peut vous aider à avoir une frappe solide
parce que vous savez qu'il ne peut pas tomber
plus bas !

Avec un marqueur

Posez un marqueur par terre sur son socle.
Placez-vous à 1,8 m et jouez un roulé sur la
moquette en visant pour que la balle tape juste
le marqueur. Vous devez doser votre frappe :
le marqueur doit tomber sans partir trop loin –
mais avec une frappe suffisante. La balle doit
être bien centrée sur le marqueur à l'impact.
Voyez combien de séries de 10 vous parvenez
à réaliser – essayez de faire une série complète.

Avec des cercles de papier

Voilà une manière intéressante d'améliorer votre toucher et votre précision sur les verts lorsque le temps est exécrable.

Pour cet exercice, découpez 3 cercles en papier de 10 cm de diamètre et inscrivez sur chacun d'eux un chiffre -3, 1, -1, par exemple. Posez ces cercles sur le sol ou la moquette, le chiffre le plus élevé étant au milieu et le plus faible le plus près de vous. Placez-vous à 1,8 m et essayez de faire rouler la balle pour qu'elle s'arrête sur le cercle où est marqué le chiffre le plus élevé. Si vous ratez tous les cercles, comptez -2. Calculez le résultat avec 10 balles et essayez de battre votre record.

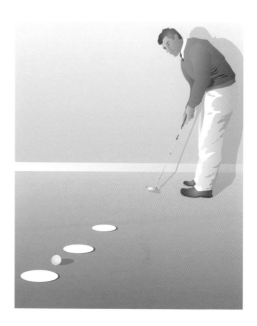

Le coup de la plinthe

Cet excellent exercice fait travailler l'alignement, une bonne visée et la précision. Prenez les mêmes cercles que ceux de l'exercice précédent et placez-les verticalement contre une plinthe, le cercle où est marqué le chiffre le plus élevé au centre. Tapez un long roulé sur la moquette – le plus long possible vu l'espace – et tapez 10 balles pour arriver à un résultat, en comptant -2 si vous avez tout raté. Cet exercice vous fera réaliser de nets progrès en ce qui concerne l'alignement et la précision.

Aussi proche d'un parcours que possible

Il est préférable, lorsque vous êtes au bureau en tenue de ville, de faire vos gestes de préparation de façon plus modérée sur la moquette. Malgré tout, vos roulés doivent se rapprocher au maximum de ceux que vous faites à l'extérieur en utilisant les balles et le fer droit habituels.

LE MENTAL ET LA TACTIQUE

Lorsque vous aurez confiance dans votre technique, pour continuer à progresser au golf et, en particulier, au jeu du roulé, vous devrez développer votre mental. Le golf est un sport où la psychologie est très importante. Il faut que vous mettiez en place un système où moins vous douterez, c'est-à-dire plus vous aurez confiance en vous, plus vous obtiendrez de bons résultats.

Sur le parcours, concentrez-vous trou après trou.

Rester zen

Tout comme le rythme de vos coups doit rester le même durant tout le parcours, votre mental doit demeurer égal sur les 18 trous. Ne vous découragez pas si vous faites de mauvais coups, mais également, et c'est tout aussi important, ne vous enflammez pas si vous avez réalisé un coup superbe ou un oiselet. Gardez votre calme et votre sang-froid et traitez la réussite comme l'échec d'une humeur égale.

Pensez à une chanson, à une image mentale paisible; cela vous permettra de vous détendre, et de réaliser le parcours en restant concentré.

Oublier le résultat

Pour rester concentré sur le jeu, ignorez le résultat inscrit sur votre carte. Trou après trou, inscrivez simplement le nombre sans vous en soucier. Vous resterez attentif roulé après roulé. Cela évitera à votre esprit de vagabonder avec des pensées du genre : « Il me faut absolument 2 en dessous de la normale pour rester dans la partie… », ce qui augmente la pression, mais ne fait pas mieux jouer.

Avoir des pensées positives vous aidera à faire retomber la pression.

Roulé instinctif ou réfléchi

Quel genre de personne êtes-vous – une personne à l'activité trépidante ou quelqu'un de plus détendu ou encore entre les deux ? La manière dont vous jouez reflète votre personnalité. Si vous vivez de façon insouciante, vous jouerez vos roulés à l'instinct. Si vous préférez l'ordre et l'analyse, vous serez plus réfléchi sur les verts.

Trouvez des astuces pour que, lors d'un parcours sans pression, vous sanctionniez vos erreurs.

Faire le vide

Ne pensez qu'à la technique que vous avez acquise sur le vert d'entraînement et essayez de la mettre en pratique. Ce n'est pas au cours d'une compétition qu'il faut modifier sa prise ou son coup ! Il faut vous concentrer sur le jeu plutôt que penser comment vous allez frapper la balle. Pour maintenir le bon équilibre entre technique et mental, ne pensez qu'à une seule chose à la fois, par exemple « ma prise doit être légère » ou « la montée doit être lente ». Des pensées simples, que vous pourrez avoir en tête durant tout le parcours.

Dominer la pression

Il faut que vous soyez préparé à affronter la pression. Un truc : si vous faites un parcours avant une compétition importante pour vous, prenez un peu d'argent avec vous. Chaque fois que vous effectuez trois roulés au lieu de deux, laissez un mot et un peu d'argent pour les joueurs de la partie suivante. Si vous ne roulez pas bien, vos finances vont souffrir ! Mais si vous ne voulez pas risquer vos économies sur votre jeu roulé, vous pouvez également décider que cet argent ira à une association caritative.

Les moments clés du parcours

Chaque parcours de golf comprend des périodes et des moments importants. Ces moments clés sont à traiter avec encore plus de soin que les autres. Le premier et le dernier trous, où la pression est forte, sont particulièrement importants. Être capable de rebondir après un mauvais trou ou un coup raté est capital.

Le succès sur le premier vert

Nous avons tous vécu cela : vous avez fait un départ trop tendu, vous êtes enfin arrivé sur le vert, mais vous n'avez réussi à faire qu'un trois roulés au lieu du deux escompté. Avant de démarrer, échauffez-vous correctement afin de renouer avec les bonnes sensations du toucher.

Sur un parcours, vous ne devez pas changer votre coup, mais il vous faut bien sentir les muscles utiles pour jouer au golf. Il n'est pas nécessaire de faire des centaines de coups roulés à l'entraînement. Avant

S'échauffer en tapant des roulés courts redonne confiance.

de quitter le vert, réalisez une dizaine de roulés courts pour retrouver les réactions positives.

Jouer jusqu'au dernier trou

Le problème majeur avec le 18e trou, c'est le relâchement. Vous êtes fatigué, pourtant vous n'avez pas terminé la partie tant que la balle n'est pas rentrée dans le dernier trou ! Il faut que vous gardiez toute votre concentration jusqu'au bout. Faites un effort supplémentaire lorsque vous arrivez sur le dernier vert, enchaînez calmement les gestes habituels et ne pensez au bar qu'une fois la partie vraiment terminée…

Ne pensez au verre à boire ensemble que lorsque la partie est vraiment finie.

Vous pouvez vous laisser aller… mais n'exagérez pas !

Surmonter l'échec

La façon avec laquelle chaque golfeur réagit face à l'échec fait la différence entre un bon handicap et un joueur médiocre. En vous mettant en colère après un trou raté, vous risquez de faire un très mauvais parcours. Pour réaliser un oiselet après un trois roulés, suivez ces conseils.

● Libérez-vous. Il n'est évidemment pas question d'injurier vos adversaires ni de tout casser ! Mais, parfois, il peut s'avérer constructif de libérer discrètement sa colère. Un peu à l'écart, faites quelques élans rapides sur le départ suivant et « criez en silence » pour vous libérer. Ce sera un bon exutoire à la frustration.

● Oubliez. C'est plus facile à faire une fois que vous aurez libéré votre colère. Ne vous occupez que du trou suivant. Vous ne pouvez plus rien faire concernant le mauvais coup précédent. Faites vos gestes de préparation et avant !

● Ayez une attitude positive. Pensez que vous n'êtes pas si mauvais que ça. Au lieu de ressasser les coups manqués, pensez aux longs roulés que vous avez rentrés durant la partie et les bons coups à proximité du trou.

Fractionner le parcours

Une bonne méthode consiste à diviser le parcours en six petits parcours de trois trous chacun. Donnez-vous l'objectif de faire la normale, mais surtout un résultat réalisable pour votre niveau sur chaque mini-partie. Si vous êtes un ou deux au-dessus de la normale, ignorez le pointage et concentrez-vous sur la série suivante.

À l'entraînement, quelques élans agressifs libèrent.

Tactiques sur le vert

Sur le parcours, votre tactique et la sélection des coups vont devenir de plus en plus importants au fur et à mesure que vous approchez du vert. Il y a un certain nombre de précautions à respecter pour maîtriser la situation. Plus la pression grandit, plus les risques de rater le coup augmente.

Penser à son approche

Vous devez penser à votre premier roulé dès le coup d'approche. Un roulé en montée est toujours plus facile à réussir qu'un roulé en descente. L'accélération de la balle est moins forte, et si le coup dépasse le trou la balle ne sera pas difficile à rentrer avec un deuxième coup. Avant de jouer et dès que possible, étudiez les pentes du vert.

De droite à gauche

Pour un droitier, jouer un roulé avec une pente de gauche à droite est souvent plus difficile qu'un roulé de droite à gauche. Il n'y a pas d'explication rationnelle mais, si vous questionnez des golfeurs, la réponse sera unanime. La raison ? Si la balle s'éloigne de vous, vous perdez le contrôle du coup, ce qui entraîne beaucoup de roulés ratés. Même si vous êtes adroit avec votre coup d'approche, essayez de faire plutôt des roulés de droite à gauche si vous êtes droitier.

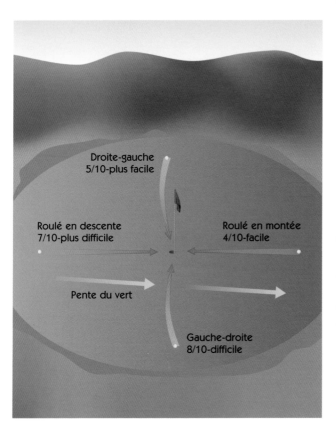

Droite-gauche
5/10-plus facile

Roulé en descente
7/10-plus difficile

Roulé en montée
4/10-facile

Pente du vert

Gauche-droite
8/10-difficile

Évaluez la pente du vert pour pouvoir mieux contrôler vos roulés.

Étudier le coup de l'adversaire

Regardez avec soin la trajectoire du roulé de votre adversaire sur le vert. Soyez attentif : où et comment sa balle a-t-elle roulé et fini ? Comment a-t-elle réagi une fois frappée ? Où la trajectoire s'est-elle incurvée ? Lorsque votre adversaire fait son coup roulé, vous ne devez pas vous placer directement derrière lui. Vous allez apprendre beaucoup de choses sur l'allure du vert en vous plaçant à un autre endroit du vert.

D'où qu'ils viennent, prenez en compte tous les indices que vous pouvez récupérer sur le vert.

Utiliser l'ordre de jeu à votre avantage

Vous avez plusieurs aspects des règles à votre disposition. Si vous jouez une partie par coups et que vous êtes en tête d'une partie très serrée, il est toujours préférable que vous rentriez dans le trou le premier, cela augmentera la pression chez votre adversaire. En compétition par coups, vous êtes autorisé à jouer avant votre tour si vous avez à faire un roulé court tout près du trou. En compétition par trous, vous pouvez donner des roulés à votre adversaire mais, si vous jouez avant votre tour, il peut vous demander de rejouer le coup sans point de pénalité.

Tactique partie 4 balles

Lorsque vous jouez en 4 balles meilleure balle, vous pouvez utiliser l'ordre de jeu à votre avantage. Si c'est à votre camp de jouer un roulé, vous jouez de façon à assurer la normale au second coup grâce à un roulé court ; votre partenaire peut ensuite attaquer le trou directement en n'ayant pas le souci du roulé de retour.

Lorsque vous jouez en 4 balles meilleure balle, utilisez l'ordre du jeu à votre avantage.

Technique et tactique

Vous devez avoir une démarche spécifique qui vous aidera quel que soit le problème auquel vous êtes confronté. Voici quelques conseils pour vous aider à surmonter les difficultés les plus courantes rencontrées sur le vert et comment les résoudre.

Restez stable

Beaucoup de roulés sont ratés à cause de mouvements du bas du dos intempestifs parce que le golfeur veut regarder trop vite où est tombée sa balle.

À l'entraînement, placez un bâton en équilibre sur le sol et en appui contre le bas de votre dos. Entraînez-vous à faire des roulés sans faire tomber le bâton.

Si le bas du corps bouge, le bâton va tomber. Lorsque vous êtes sur un parcours, rappelez-vous de la position qui permet au bâton de rester en équilibre, votre coup sera plus franc.

Le mythe de l'effet accéléré

C'est une idée courante véhiculée par les livres et les magazines. Mais la théorie qui se profile derrière ce conseil est assez peu précise et une meilleure expression pourrait être :
« Accompagnez la balle jusqu'au bout du bout. » Si vous essayez de donner de l'effet accéléré à votre balle, vous le ferez avec le bas du fer droit. Lorsque vous démarrez votre coup, ayez la face du bâton bien centrée sur la balle.

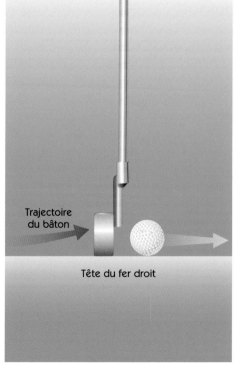

Trajectoire du bâton

Tête du fer droit

Avoir une vision précise

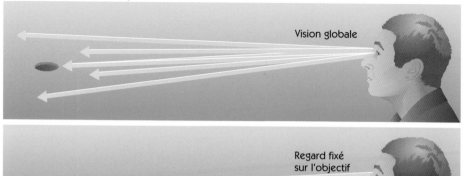

Vision globale

Regard fixé sur l'objectif

Des recherches réalisées en Amérique du Nord ont révélé l'importance qu'avait le regard dans un bon ou un mauvais roulé. Des scientifiques de l'université de Calgary, au Canada, ont mis en lumière le fait qu'un bon joueur concentre son regard sur les points stratégiques (la balle, le trou, la trajectoire). Un mauvais joueur balaie les cibles du regard, il ne fixe pas assez longtemps sa vision et, de ce fait, envoie un message erroné à son cerveau.

Regarder le trou

● Concentrez-vous sur le trou. Prenez un point particulier du trou comme cible, par exemple de l'herbe un peu plus haute ou une marque.

● Visualisez la trajectoire de la balle et imaginez-la en train de tomber dans le trou.

● Déplacez lentement votre regard depuis la ligne de roulé jusqu'au trou en restant derrière la balle.

● Soyez prêt. Concentrez-vous et imaginez un point précis de la balle dans votre esprit.

L'ultime tactique : être bien

Pour bien rouler il est nécessaire d'être confortable. Si vous vous sentez à l'aise par rapport à votre technique, vous jouerez au maximum de vos compétences.

Aussi, n'ayez pas peur de changer ou de modifier votre prise, votre position de pieds ou posture si vous sentez que votre jeu est trop dur ou si vous êtes mal à l'aise sur les verts.

ALLER DE L'AVANT

Lorsque vous aurez maîtrisé les bases du jeu, il n'existe
qu'une façon de s'améliorer en permanence :
c'est de jouer. Il faut que vous passiez des heures sur
le vert pour prendre conscience des bons et mauvais
gestes. N'oubliez pas un élément souvent mis de côté :
une leçon.

S'entraîner sans cesse

Ce n'est que lorsque
vous aurez passé des
heures sur le vert
d'entraînement que
vous pourrez noter des
améliorations sensibles.
Servez-vous des idées et
des exercices développés
dans cet ouvrage pour
que cet entraînement soit
intéressant et appliquez-
vous.

Regarder et apprendre des meilleurs joueurs

Il faut que vous ayez
littéralement le golf
« dans la peau ». Lisez
des magazines spécialisés,
regardez des
compétitions à la
télévision. Prenez des
notes lorsque vous voyez
des professionnels jouer.
Vous n'en ferez jamais
assez.

Une leçon : une mise au point ?

Le fer droit est le bâton dont vous vous servez le plus
souvent – à moins que vous ne soyez le roi de l'approche,
vous utilisez un fer droit sur près de 90 % des trous et le roulé
correspond à 50 % des coups au golf. Pourtant, les golfeurs
s'entraînent très peu sur le vert. Si vous prenez une leçon,
vous souhaitez que le pro corrige une tendance au crochet
extérieur et vous oubliez que vous faites très régulièrement
des trois roulés ! Une excellente façon de baisser votre
handicap et d'améliorer vos roulés est de prendre une leçon.

Comme pour toutes les leçons au golf, le succès
ne sera pas immédiat. Souvent, on constate même
une légère régression, mais reculer un peu et faire ensuite
un pas de géant est parfaitement normal.

Les tournois professionnels

Il est passionnant de voir comment les grands joueurs gèrent leurs parcours et leurs coups sur les verts. Suivez un ou deux pros sur quelques trous et observez leurs gestes de préparation et leur lecture du terrain. Comment jouent-ils leurs roulés en pente ? Comment réagissent-ils face à un mauvais roulé ?

Regarder le golf à la télévision

Observez comment les professionnels étudient le terrain. Leur excellent jugement leur permet un toucher souple et délié. Regardez où la balle s'arrête lors de roulés ratés – dans ce cas, la balle est presque toujours derrière le trou. Comment prennent-ils en charge la pression et comment réagissent-ils quand tout va mal ?

Les femmes sont meilleures que les hommes

Si vous êtes un golfeur avec un handicap moyen, observer une golfeuse professionnelle est souvent plus instructif que de regarder un Masters ou un grand tournoi. Les golfeuses de haut niveau ont une frappe de balle qui se rapproche beaucoup de celle d'un joueur homme.

Jouer en Pro-Am

C'est une vraie chance de pouvoir bénéficier des conseils de professionnels. Mais, soyez prudent : ils ne sont pas enseignants, et leur méthode est sans doute très différente de la vôtre. Ils sont talentueux, mais ce qui est bon pour eux ne l'est pas forcément pour vous. Leurs conseils seront précieux pour ce qui concerne la tactique et le choix du coup.

Pour un bon entraînement

C'est parfait si vous parvenez à bien organiser votre entraînement au coup roulé, mais vous devez être vigilant : un entraînement trop soutenu est plus néfaste que productif. Une mauvaise pratique peut s'avérer destructrice.

Se fixer des objectifs

Passer deux heures sur le vert si vous n'avez pas d'objectif précis ne sert à rien. Vous n'obtiendrez pas de bons retours. Chaque exercice doit avoir un but et une méthode pour l'atteindre. Ce que vous devez améliorer est l'alignement, le toucher de balle, le rythme. Il vous faut construire votre jeu au travers de jeux et d'exercices dont l'investissement en temps sera bénéfique.

Se fixer des limites

Il n'existe pas un temps type à passer à l'entraînement, mais vous devrez travailler dur votre jeu. Ne vous forcez pas, ne passez sur le vert que le temps que vous souhaitez. Chaque golfeur a son propre degré d'endurance. Trouvez le vôtre et organisez-vous en conséquence.

S'obliger à des gestes répétitifs

L'entraînement est une répétition d'intention. Vous devrez reproduire sur le parcours l'habileté et les gestes acquis et développés sur le vert d'entraînement.

Aussi, lorsque vous vous entraînez, faites comme si vous jouiez réellement. À chaque frappe, préparez-vous le plus sérieusement possible. Votre entraînement n'en sera que plus profitable.

Varier les formules

Pour que les heures passées à l'entraînement soient bénéfiques, entraînez-vous avec des partenaires et travaillez ensemble les mêmes compartiments du jeu, ou faites des compétitions entre vous. Une bonne approche pour inventer un circuit d'entraînement.

S'entraîner avec des amis est très stimulant.

• Avec un ou des amis, organisez une session d'une heure, en limitant le nombre d'exercices et le temps de concentration de chacun d'eux.

• Pensez à des exercices différents et réalisez-les sur les différentes zones du vert.

• Jouez entre des exercices de résistance (rentrer dix roulés courts à la suite) de technique et de toucher. Ces exercices vous aideront à mieux centrer vos coups roulés.

• Inventez un système de résultat pour chaque secteur du jeu.

• Vous pouvez également inventer une notation pour chaque coup.

• Étendez cette pratique à l'approche roulée, en inventant une sorte de triathlon.

Changez !

Pour que votre entraînement reste intéressant et pour renouveler votre technique, changez de prise (essayez la prise inversée, celle de Langer, etc.) et de fer droit. Cela stimulera votre concentration à la différence des gestes répétitifs. Parfois, lorsqu'on essaie un nouveau fer droit, le roulé devient meilleur. Ces changements ne devraient pas poser de problèmes que vous utilisiez ou pas ces nouvelles techniques sur le parcours.

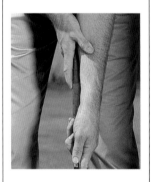

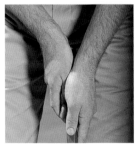

Essayez une nouvelle prise même si vous ne l'utilisez pas sur un parcours.

Trucs d'experts

Voici les six meilleurs trucs pour des roulés réussis donnés par les six plus grands joueurs et entraîneurs mondiaux. Suivez leurs conseils.

Prise serrée pour roulés courts

Fred Couples est un ardent partisan d'une prise légèrement plus serrée pour les roulés courts. La théorie est que cela aide pour tenir le fer droit plus près du sol lors de la frappe. Mais certains professionnels utilisent d'autres techniques pour les roulés courts, même en championnats. Steve Stultz se sert d'un fer droit long pour les roulés courts et d'un fer droit classique pour les coups moyens et longs.

Gardez le coude gauche pointé vers la ligne de visée.

Écoutez la balle frapper la face du bâton.

Tenir le coude gauche plié

Bobby Jones dirigeait son coude gauche vers la balle lorsqu'il était en position. Grâce à cette technique, il pouvait balancer ses épaules de façon plus libre et il n'avait plus besoin de s'occuper d'une main gauche trop active.

Ignorer la technique – écouter simplement

Un des plus grands rouleurs de tous les temps, Ben Crenshaw, pense qu'à trop analyser la technique on la détruit. Il préconise qu'au lieu de suivre des instructions compliquées, il vaut mieux d'écouter le bruit que fait la balle sur la face du fer droit. Il faut que vous entendiez et sentiez le bruit d'un coup ferme. Gardez le tempo dans la montée et la descente et écoutez l'impact.

Un coup d'essai identique au coup définitif

Davis Love III, un des sept plus talentueux golfeurs américains de ces vingt dernières années, affirme que, pour les amateurs, le fait de mal réaliser les coups d'essai entraîne des mauvais roulés. Lorsque vous préparez un roulé, vous devez être parallèle à la ligne de roulé. Vous pouvez alors réaliser votre coup sans stress sur l'alignement. Le secret : le coup d'essai doit être identique au coup définitif.

S'entraîner avec une seule balle

Severiano Ballesteros et Lee Trevino étaient connus pour leur imagination, leur toucher et leur flair sur les verts. Un des secrets de leur succès résidait dans une façon de s'entraîner déroutante : ils ne jouaient qu'avec une seule balle. Ils s'efforçaient de jouer chaque coup très sérieusement, en ayant une préparation et une lecture tout aussi sérieuses. Ils apprenaient énormément du roulé grâce à la concentration sur une seule balle. Cette manière de jouer développe l'imagination.

Poser le bâton derrière la balle

Clive Tucker, un des 25 meilleurs entraîneurs du Royaume-Uni, utilise une méthode très simple : poser le bâton derrière la balle parfaitement perpendiculaire à l'axe du jeu. Le manche agit comme une barrière, et vous ne pouvez frapper que la moitié supérieure de la balle, c'est le meilleur endroit pour produire le meilleur roulage avec une bonne fin du geste.

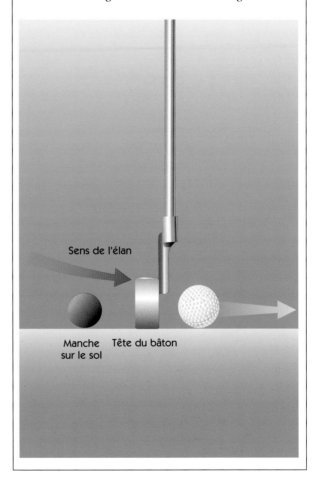

Sens de l'élan

Manche sur le sol   Tête du bâton

Le roulé de A à Z

4 balles meilleure balle: partie où deux équipes de deux joueurs s'affrontent. À chaque trou, c'est le meilleur pointage de chaque joueur de chaque équipe qui est pris en compte.

Accélération de la balle: lorsque vous jouez un roulé, la tête du bâton doit s'accélérer jusqu'à l'impact.

Apex du roulé: le point où vous pensez que la balle va perdre de la vitesse. C'est le point où la balle s'incurve.

Approche roulée: c'est un petit coup roulé qui est joué du bord du vert.

Armement: charnière des poignets à la montée et après l'impact à la sortie. Pour un élan complet, les avant-bras participent également.

Cocheur: fer très ouvert qui est en général utilisé pour les coups d'approche en direction du vert.

Coup intérieur: trajectoire incurvée vers la gauche due à une mauvaise frappe.

Donner: en partie par trous, c'est lorsque la balle est tout près du trou et que le coup ne peut pas être raté. Vous pouvez donner le roulé à votre adversaire. Donner ou ne pas donner fait partie de la stratégie dans une partie par trous.

Face du fer droit: le côté du bâton qui frappe la balle.

Fer droit abdominal: type de fer droit dont le manche est allongé et qui arrive au niveau de l'estomac.

Fer droit à tête équilibrée: bâton dont le poids est réparti derrière la tête du bâton et qui comprend en général une applique.

Fer droit long: type de fer droit dont le manche est allongé et qui arrive au niveau de la poitrine.

Fer droit «talon pointe»: fer droit dont la tête est moins lourde et dont le point d'équilibre est plus près du manche du bâton.

Frappe rectiligne: lorsque la tête du fer droit voyage en ligne directe avec la ligne de jeu (trajectoire parallèle).

Grain du vert: la direction que prend l'herbe lorsqu'elle pousse. C'est le plus souvent vers le soleil.

Ligne de jeu: c'est la direction que vous souhaitez que prenne la balle lorsqu'elle commence à rouler.

Links: parcours qui se trouve en bord de mer. C'est le lieu d'origine du golf, une version plus nature de ce sport, avec des verts très rapides.

Marque de balle: trace laissée par une balle à l'impact sur le vert. Celle-ci dépend de la nature du vert et de la distance à laquelle vous étiez lorsque vous avez joué. Vous devez réparer ou relever une telle marque.

Mauvais toucher: l'impact entre la balle et/ou la tête du bâton n'est pas bien centré. La balle roule mal.

Partie par coups: compétition dans laquelle le gagnant se détermine par le total de coups joués.

Chez les professionnels, elle a nettement supplanté les parties par trous.

Partie par trous: compétition dans laquelle le gagnant se détermine non pas par le total de coups joués, mais par le nombre de trous gagnés ou perdus (ce qui est le cas dans les autres compétitions).

Position de la balle: Position de la balle sur le sol, une fois jouée. La position peut être bonne ou mauvaise selon que la balle est plus ou moins enfoncée dans le terrain. Une mauvaise position empêche une frappe correcte de la balle.

Positions de pieds: position des pieds lorsque le joueur se met en positon.

Prise: manière de prendre le bâton en main.

Pro-Am: tournois de golf dont les équipes sont composées de joueurs amateurs et de joueurs professionnels (un pro par équipe). Compétitions dont la formule de jeu est en stableford.

Rapidité du vert: qualifie la vitesse de roulement de la balle sur le vert. Un vert lent freine rapidement la balle, un vert rapide donne l'impression d'accélérer celle-ci.

Rough: zone d'herbe non tondue qui se trouve en bordure de l'allée.

Roulage: manière dont roule la balle vers le trou une fois jouée. Vous pouvez avoir un bon ou un mauvais roulage.

Talon: extrémité de la face du bâton la plus près du golfeur et d'où part le manche.

Té: pièce de bois ou de plastique destinée à surélever la balle au départ.

Tablier: zone en bordure du vert où l'herbe est un peu plus haute.

Index

Achevé d'imprimer en Chine